ABCY

Human Design

STORIA

Immagina una notte cosmica, immersa nel mistero e nell'infinito, dove le stelle scintillano e le energie universali danzano in un ritmo di interconnessione. È in questo scenario di meraviglia e connessione che nasce la storia dello Human Design, un racconto affascinante che intreccia scienza, spiritualità e intuizione.

"Se consenti agli altri di essere ciò che sono, ed essi ti consentono di essere ciò che sei, bene, questo è amore. Qualunque altra cosa è una tortura."
[Ra Huru Hu]

La Rivelazione del 1987

Nel gennaio del 1987, un uomo di nome Ra Uru Hu (nato Robert Allan Krakower) si trovava nella quiete di un'isola mediterranea, quando un evento straordinario e quasi mistico si verificò. Ra Uru Hu racconta che durante un'esperienza di quasi morte, fu "preso" da una voce universale, una sorta di rivelazione che gli rivelò un sistema complesso e profondo di conoscenza: l'Human Design. Questo sistema, un amalgama di antiche tradizioni e scoperte moderne, si manifestò come una chiave per comprendere la nostra vera natura e il nostro scopo nell'universo.

Le Radici e le Connessioni

Il sistema di Human Design è un mosaico composto da diverse tradizioni e scoperte scientifiche. Le sue radici affondano nella millenaria saggezza dell'astrologia, che esplora le influenze celesti sulle nostre vite, e si intrecciano con la mistica del sistema I Ching, l'antica saggezza cinese che codifica il cambiamento e l'armonia. A queste influenze si aggiungono la Cabala, con la sua rete di energie e archetipi, e la teoria dei centri energetici del sistema dei chakra.

Ma non finisce qui. Human Design incorpora anche la genetica, con l'idea che i nostri codici genetici riflettano le nostre predisposizioni naturali, e la fisica quantistica, con il concetto che l'energia e la materia sono intrinsecamente interconnessi e in continuo flusso.

La Genesi del Sistema

Nel corso dei mesi che seguirono la sua rivelazione, Ra Uru Hu dedicò la sua vita a decifrare e a comprendere il sistema che gli era stato donato. Studiò e analizzò ogni aspetto dell'Human Design, integrando le sue intuizioni con le conoscenze provenienti da fonti antiche e moderne. Creò un complesso diagramma conosciuto come il Bodygraph, una mappa energetica che riflette il modo in cui le energie universali interagiscono con la nostra individualità.

L'Evoluzione e la Diffusione

Con il passare degli anni, il sistema di Human Design si diffuse oltre le isole del Mediterraneo, attraversando oceani e continenti. Da piccole comunità di studiosi e praticanti, la sua influenza crebbe, toccando la vita di molte persone in tutto il mondo. Seminari, corsi e letture di Bodygraph iniziarono a trasformare la vita di coloro che cercavano risposte alle grandi domande esistenziali e pratiche della loro vita quotidiana.

Il Cuore del Sistema

Nel cuore dello Human Design c'è la convinzione che ogni individuo sia unico e dotato di un proprio scopo specifico. La mappa del Bodygraph rivela come interagiamo con il mondo e come possiamo realizzare il nostro potenziale autentico. Essa esplora i nostri tipi energetici (Manifestatori, Generatori, Proiettori, Riflettori), le nostre autorità (metodi per prendere decisioni migliori), e le nostre definizioni (come il nostro essere interagisce con l'ambiente e gli altri).

L'Incontro con l'Universo

Oggi, lo Human Design continua a essere una guida per coloro che cercano di comprendere la propria natura profonda e vivere in armonia con il proprio design innato. È una danza di energia e intuizione, una chiave per sbloccare la nostra autenticità e il nostro potenziale, mentre esploriamo i misteri dell'universo e del nostro essere.

COS'È LO HUMAN DESIGN

Lo Human Design è un sistema che crea una mappa personale basata sulla tua data, ora e luogo di nascita. Questa mappa è chiamata **"Bodygraph"** o "rave-chart" e mostra vari aspetti della tua personalità, le tue tendenze caratteriali conscie e inconscie, e le tue dinamiche energetiche.

Elementi Chiave dello Human Design

1. **Tipo**: Esistono cinque tipi principali nel sistema di Human Design:
   - **Manifestatori**: Tendono a essere pionieri e iniziatori. Hanno un'energia potente e influenzano gli altri attraverso le loro azioni.
   - **Generatori**: Hanno una grande energia e rispondono agli stimoli esterni. Sono progettati per trovare soddisfazione attraverso il lavoro che amano.
   - **Proiettori**: Guidano e dirigono gli altri, ma devono attendere l'invito per offrire il loro consiglio o guida.
   - **Riflettori**: Sono altamente sensibili all'ambiente circostante e riflettono la salute e il benessere della loro comunità.
   - **Manifestatori-Gestore**: Un tipo raro che combina caratteristiche dei Manifestatori e dei Generator.
2. **Centri**: I centri nel Bodygraph rappresentano aree di energia e consapevolezza. Possono essere definiti (colore pieno) o indefiniti (colorati). I centri definiti indicano le aree in cui hai una forza costante, mentre quelli indefiniti sono influenzati dall'ambiente e dalle persone intorno a te.
3. **Canali e Porte**: I canali sono linee che collegano i centri e rappresentano le vie di energia tra di essi. Le porte sono punti specifici sui canali che offrono dettagli più specifici su aspetti della tua personalità e del tuo comportamento.
4. **Profilo**: Il profilo è composto da due numeri che riflettono il tuo ruolo nella vita e come ti relazioni con gli altri. Esistono 12 profili differenti, ognuno con una combinazione unica di caratteristiche.

Come Funziona?

Per ottenere una lettura del tuo Human Design, devi fornire la tua data, ora e luogo di nascita a un calcolatore di Human Design. La carta risultante (rave-chart) ti mostrerà il tuo Bodygraph e fornirà informazioni dettagliate su come navigare nella tua vita in base alle tue caratteristiche uniche.

Utilità e Applicazioni

Molti usano lo Human Design per:

- Comprendere meglio se stessi e gli altri
- Migliorare le relazioni personali e professionali
- Scoprire la propria vocazione e come lavorare al meglio
- Sviluppare strategie per la crescita personale e il benessere

Nel sistema di **Human Design**, i **centri** sono simili ai chakra nell'induismo, ma il sistema Human Design ne identifica **nove** anziché sette. Questi centri rappresentano i luoghi in cui l'energia fluisce e si manifesta nel corpo umano. Ogni centro ha un significato specifico, e può essere definito (colorato) o non definito (bianco) nel Bodygraph di una persona. I centri definiti rappresentano aree di energia stabile e coerente, mentre i centri non definiti indicano aree di apertura in cui l'energia può essere influenzata dagli altri e dall'ambiente.

Ecco un elenco dettagliato dei nove centri dello Human Design:

1. Centro della Testa (Head Center)

- **Posizione:** La parte superiore del Bodygraph.
- **Funzione:** È il centro dell'ispirazione e delle domande. Rappresenta il luogo in cui riceviamo stimoli mentali e intellettuali dal mondo esterno. È il centro da cui derivano domande e pensieri che cercano risposte.
- **Definito:** Se definito, l'individuo ha una costante fonte di ispirazione e curiosità intellettuale. Le idee emergono in modo continuo e naturale.
- **Non Definito:** Se non definito, la persona può essere facilmente influenzata dalle idee e dalle domande degli altri, e può sentirsi sotto pressione per rispondere a domande che non sono proprie.

2. Centro Ajna

- **Posizione:** Sotto il Centro della Testa.
- **Funzione:** È il centro della comprensione mentale, dell'elaborazione delle informazioni e delle idee. L'Ajna è responsabile del pensiero razionale e della memoria.
- **Definito:** Se definito, la persona ha un modo coerente di processare le informazioni e prendere decisioni mentali.

- **Non Definito:** Se non definito, l'individuo può essere più influenzato dalle opinioni e dalle idee degli altri e può non avere un pensiero stabile o coerente.

3. Centro della Gola (Throat Center)

- **Posizione:** Al centro della gola.
- **Funzione:** È il centro dell'espressione e della manifestazione. Questo centro è responsabile della comunicazione, dell'espressione personale e della capacità di agire. È il punto di connessione tra il pensiero e l'azione.
- **Definito:** Se definito, la persona ha una voce chiara e coerente ed è in grado di esprimere e manifestare le proprie idee e intenzioni in modo efficace.
- **Non Definito:** Se non definito, l'individuo può sentirsi insicuro o mutevole nella propria espressione, e può cercare di adattarsi alle modalità di comunicazione degli altri.

4. Centro G o del Sé (G Center)

- **Posizione:** Al centro del petto.
- **Funzione:** Questo centro rappresenta l'identità, l'amore e la direzione nella vita. È il luogo in cui sentiamo il nostro senso di sé e la nostra direzione personale.
- **Definito:** Se definito, l'individuo ha un forte senso di identità e direzione, sapendo chi è e dove sta andando nella vita.
- **Non Definito:** Se non definito, la persona può adattarsi all'ambiente circostante e agli altri in termini di identità e direzione, trovando più difficile avere un senso costante di sé.

5. Centro del Cuore (Will Center o Ego Center)

- **Posizione:** Tra il Centro G e il Plesso Solare.
- **Funzione:** Rappresenta la volontà, la forza di volontà e il potere di impegnarsi. È collegato all'ego e al desiderio di manifestare obiettivi materiali.
- **Definito:** Se definito, l'individuo ha una forte forza di volontà e può manifestare con successo ciò che desidera. Ha una connessione naturale con il valore e il potere personale.
- **Non Definito:** Se non definito, la persona può sentirsi insicura riguardo al proprio valore e può essere suscettibile a tentare di dimostrare il proprio valore agli altri.

6. Centro del Plesso Solare (Emotional Solar Plexus)

- **Posizione:** Sul lato destro del diagramma, nella parte inferiore del torso.
- **Funzione:** È il centro delle emozioni e delle esperienze emotive. Regola l'energia emotiva e influenza l'umore e la capacità di prendere decisioni basate sulle emozioni.
- **Definito:** Se definito, la persona vive su una sorta di onda emotiva e ha bisogno di tempo per trovare chiarezza nelle proprie emozioni prima di prendere decisioni importanti.

- **Non Definito:** Se non definito, l'individuo è aperto alle emozioni degli altri e può facilmente assorbire e amplificare le emozioni altrui.

7. Centro Sacrale (Sacral Center)

- **Posizione:** Al centro, sotto l'ombelico.
- **Funzione:** È il centro della forza vitale e dell'energia creativa. Questo centro genera energia sostenibile per il lavoro, la vita e la creazione. È la fonte della capacità di rispondere agli stimoli della vita.
- **Definito:** Se definito, l'individuo ha accesso a una fonte costante di energia vitale e può lavorare e impegnarsi in modo costante quando risponde a stimoli che lo interessano.
- **Non Definito:** Se non definito, la persona non ha una fonte costante di energia e deve gestire attentamente la propria energia, evitando il burnout.

8. Centro della Milza (Spleen Center)

- **Posizione:** Sul lato sinistro del diagramma, nella parte inferiore del torso.
- **Funzione:** È il centro dell'istinto, della sopravvivenza e del benessere fisico. Questo centro è collegato al sistema immunitario e all'intuizione, fornendo risposte istintive ai pericoli e alle opportunità.
- **Definito:** Se definito, la persona ha un forte senso di intuizione e una connessione naturale con il proprio benessere fisico e istintivo.
- **Non Definito:** Se non definito, l'individuo può essere vulnerabile a malattie o influenzato dal benessere fisico degli altri, e può non avere una connessione costante con la propria intuizione.

9. Centro della Radice (Root Center)

- **Posizione:** Alla base del Bodygraph.
- **Funzione:** È il centro della pressione e dello stress. Questo centro regola l'impulso a fare e la capacità di gestire lo stress e la pressione per agire.
- **Definito:** Se definito, l'individuo ha una fonte costante di energia per affrontare la pressione e può lavorare bene sotto stress.
- **Non Definito:** Se non definito, la persona può essere influenzata dalla pressione degli altri e sentirsi sovraccaricata o stressata senza una fonte costante di rilascio energetico.

Conclusione

I **centri** dello Human Design riflettono i vari aspetti della vita e dell'energia umana, che vanno dall'ispirazione e dalla comunicazione, all'identità e alla volontà, fino alle emozioni, l'energia vitale e l'istinto. Ogni centro, se definito o non definito, offre informazioni uniche su come un individuo interagisce con il mondo, prende decisioni e vive la propria esperienza energetica. Comprendere questi centri è fondamentale per interpretare il **Bodygraph** e per vivere in armonia con il proprio design energetico.

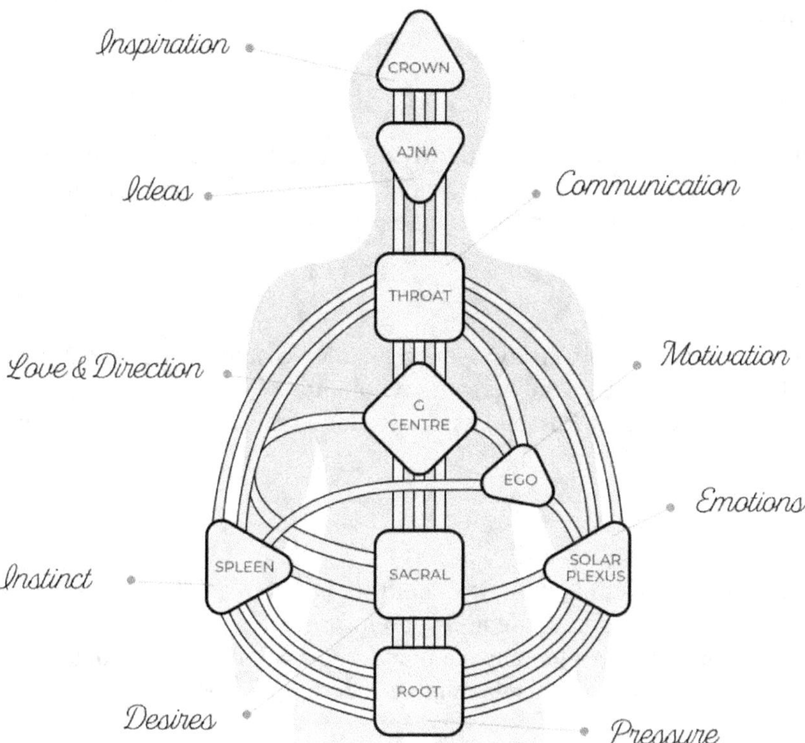

TIPI

1. Manifestatore

Caratteristiche Principali:

- **Iniziatore di Azioni:** I Manifestatori sono progettati per iniziare e avviare azioni. Hanno una forte energia per prendere iniziative e fare cambiamenti.
- **Indipendenti:** Tendono a essere autonomi e preferiscono lavorare da soli o dirigere le azioni degli altri.
- **Impulsivi:** Spesso agiscono in modo diretto e possono essere visti come spontanei o impulsivi.

Strategia:

- **Informare:** Prima di intraprendere qualsiasi azione significativa, i Manifestatori devono informare le persone coinvolte della loro intenzione. Questo non è un permesso, ma piuttosto una forma di comunicazione che riduce la resistenza e il conflitto.

Autorità:

- **Autorità della Milza:** I Manifestatori con questa autorità prendono decisioni basate su intuizioni istintive e sensazioni immediate. Devono ascoltare il loro istinto e reagire in modo rapido e spontaneo.

Punti di Forza:

- **Capacità di Iniziare e Creare:** Hanno un talento naturale per iniziare nuovi progetti e guidare le persone verso nuovi obiettivi.
- **Leadership Naturale:** Possono essere leader e innovatori, portando cambiamenti e nuove idee.

Sfide:

- **Resistenza e Reazioni Negativi:** Gli altri potrebbero sentirsi sorpresi o contrari alle azioni dei Manifestatori se non sono informati.
- **Sentirsi Isolati:** La loro tendenza a prendere l'iniziativa senza consultare gli altri può portare a sentimenti di isolamento o incomprensione.

2. Generatore

Caratteristiche Principali:

- **Risposta Energetica:** I Generator hanno un'energia sostenibile che li aiuta a rispondere agli stimoli esterni piuttosto che a prendere iniziative. La loro energia si attiva in risposta a ciò che accade intorno a loro.
- **Soddisfazione dal Lavoro:** Sono più felici e soddisfatti quando lavorano su ciò che amano e che li entusiasma.

Strategia:

- **Rispondere:** I Generatori devono rispondere agli stimoli esterni piuttosto che cercare di iniziare nuove cose da soli. La risposta può essere una reazione interna o esterna a ciò che li circonda.

Autorità:

- **Autorità Sacrale:** I Generatori prendono decisioni basate sulla risposta immediata del loro sacro, che si manifesta come un'energia di "sì" o "no" alle situazioni e opportunità.

Punti di Forza:

- **Energia Sostenibile:** Hanno una grande capacità di lavoro e possono mantenere energia costante per portare a termine compiti e progetti.
- **Entusiasmo e Impegno:** Lavorano meglio quando sono appassionati di ciò che fanno.

Sfide:

- **Frustrazione:** Possono sentirsi frustrati se non sono coinvolti in attività che li ispirano o se cercano di forzare le cose senza una risposta chiara.
- **Dipendenza dalle Risposte Esterne:** Devono fare attenzione a non intraprendere azioni senza una chiara risposta interiore.

3. Generatore Manifestante

Caratteristiche Principali:

- **Combinazione di Energia:** I Generator Manifestanti hanno una combinazione di energia generativa e iniziativa. Possono iniziare azioni come i Manifestatori e rispondere come i Generatori.
- **Versatilità:** Questa combinazione conferisce loro la capacità di essere sia iniziatori che rispondenti, a seconda della situazione.

Strategia:

- **Informare e Rispondere:** Devono bilanciare tra informare gli altri come i Manifestatori e rispondere come i Generatori. Questo significa che, mentre possono prendere iniziative, è importante che rispondano anche alle circostanze esterne.

Autorità:

- **Variante della Sacrale o della Milza:** Possono avere un'autorità sacralmente basata sulla risposta interiore o una milza basata sull'istinto immediato, a seconda della loro configurazione individuale.

Punti di Forza:

- **Adattabilità:** Possono adattarsi a diverse situazioni e sono in grado di avviare progetti o rispondere agli stimoli esterni con uguale efficacia.
- **Capacità di Iniziare e Rispondere:** Possono combinare l'energia di avvio con la capacità di rispondere alle opportunità.

Sfide:

- **Confusione nella Direzione:** Possono trovare difficile bilanciare il loro bisogno di iniziare con il bisogno di rispondere, portando a una certa confusione nelle decisioni.
- **Sovraccarico di Energia:** Possono sentirsi sopraffatti se non riescono a trovare un equilibrio tra iniziativa e risposta.

4. Proiettore

Caratteristiche Principali:

- **Guida e Orientamento:** I Proiettori sono progettati per guidare e orientare gli altri. Hanno una visione unica e spesso vedono il quadro generale meglio di altri.
- **Non Energetici:** Non hanno una riserva di energia come i Generatori e necessitano di riconoscimento e inviti per esprimere il loro talento.

Strategia:

- **Aspettare l'Invito:** I Proiettori devono aspettare di essere invitati e riconosciuti prima di offrire la loro guida o competenza. Questo aiuta a garantire che il loro contributo sia apprezzato e ben ricevuto.

Autorità:

- **Varie Autorità:** I Proiettori possono avere diverse autorità, come quella emozionale, della milza o del Sé. Devono seguire la loro autorità specifica per prendere decisioni migliori.

Punti di Forza:

- **Visione e Intuizione:** Possono vedere e comprendere le dinamiche e le situazioni in modi che altri non possono.
- **Talento per la Guida:** Eccellono nel guidare e orientare gli altri, soprattutto quando sono riconosciuti e invitati.

Sfide:

- **Esaurimento Energetico:** Possono sentirsi esausti se cercano di guidare o influenzare senza essere invitati.
- **Frustrazione e Non Riconoscimento:** La mancanza di riconoscimento o inviti può portare a frustrazione e sentimenti di esclusione.

5. Riflettore

Caratteristiche Principali:

- **Sensibilità Ambientale:** I Riflettori sono altamente sensibili all'ambiente circostante e riflettono l'energia del loro ambiente e delle persone intorno a loro.
- **Ciclo Lunare:** La loro energia e il loro stato d'animo cambiano con il ciclo lunare, e potrebbero necessitare di un intero ciclo di 28 giorni per prendere decisioni importanti.

Strategia:

- **Aspettare un Ciclo Lunare Completo:** I Riflettori devono attendere un intero ciclo lunare (circa 28 giorni) prima di prendere decisioni significative per ottenere chiarezza.

Autorità:

- **Autorità Lunare:** I Riflettori prendono decisioni migliori quando osservano e riflettono attraverso l'intero ciclo lunare, invece di prendere decisioni basate su risposte immediate.

Punti di Forza:

- **Adattabilità e Intuizione Ambientale:** Possono adattarsi e rispecchiare le energie del loro ambiente, offrendo una prospettiva unica.
- **Capacità di Riflettere:** Forniscono intuizioni profonde e oggettive su situazioni e dinamiche ambientali.

Sfide:

- **Influenza Ambientale:** Possono essere influenzati negativamente da ambienti disarmonici o da persone con energie problematiche.
- **Decisioni Indecise:** La necessità di attendere il ciclo lunare può portare a difficoltà nell'arrivare a decisioni tempestive.

Conclusione

Ogni tipo energetico in Human Design ha un modo unico di interagire con il mondo e con gli altri. Comprendere queste differenze può migliorare la comunicazione e la comprensione nelle relazioni, facilitando una maggiore armonia e soddisfazione.

CANALI

Nel sistema di Human Design, i **canali** sono linee che collegano due **centri** e rappresentano vie di energia e influenze che fluiscono tra di essi.

Ogni canale è composto da due **porte** e ha una propria descrizione e significato.

Ci sono 36 canali nel Bodygraph. Ecco un elenco di tutti i canali con una breve descrizione di ciascuno:

1. Canale 1-8: Il Canale dell'Iniziativa Creativa

- **Porte:** 1 (L'Iniziativa Creativa) e 8 (La Visione)
- **Descrizione:** Questo canale rappresenta una potente energia creativa e la capacità di esprimere la propria unicità e originalità. È collegato alla leadership e alla capacità di ispirare gli altri attraverso la propria visione e creatività.

2. Canale 2-14: Il Canale del Potere dei Risultati

- **Porte:** 2 (Il Potere di Ricevere) e 14 (Il Potere dei Risultati)
- **Descrizione:** Questo canale rappresenta la capacità di attrarre risorse e opportunità attraverso la propria visione e intuizione. È spesso associato a persone che hanno una forte direzione e una visione chiara per ottenere risultati.

3. Canale 3-60: Il Canale della Crescita e della Trasformazione

- **Porte:** 3 (La Nuova Consapevolezza) e 60 (La Limitazione)
- **Descrizione:** Questo canale è legato alla capacità di affrontare e superare le limitazioni attraverso il cambiamento e la trasformazione. È spesso associato a sfide e opportunità di crescita.

4. Canale 4-63: Il Canale della Domanda e della Verifica

- **Porte:** 4 (Il Risultato) e 63 (Il Dubbi)
- **Descrizione:** Questo canale rappresenta la capacità di cercare risposte e verificare informazioni. È associato alla riflessione critica e alla ricerca di chiarezza e comprensione.

5. Canale 5-15: Il Canale del Ritmo e della Variabilità

- **Porte:** 5 (Il Ritmo) e 15 (L'Accettazione)
- **Descrizione:** Questo canale è legato alla capacità di gestire il ritmo e la variabilità nella vita. Rappresenta una connessione con le ciclicità naturali e la capacità di adattarsi ai cambiamenti.

6. Canale 6-59: Il Canale dell'Intimità e della Procreazione

- **Porte:** 6 (Il Conflitto) e 59 (L'Intimità)
- **Descrizione:** Questo canale rappresenta la capacità di creare e mantenere relazioni intime e significative. È associato alla procreazione e alla creazione di legami profondi.

7. Canale 7-31: Il Canale della Leadership e dell'Influenza

- **Porte:** 7 (Il Ruolo) e 31 (Il Leader)
- **Descrizione:** Questo canale è legato alla capacità di esercitare leadership e influenzare gli altri attraverso la propria visione e direzione. Rappresenta il potere di guidare e ispirare gli altri.

8. Canale 9-52: Il Canale della Concentrazione e della Determinazione

- **Porte:** 9 (La Forza di Volontà) e 52 (La Stabilità)
- **Descrizione:** Questo canale rappresenta la capacità di concentrarsi e mantenere la determinazione di fronte alle sfide. È associato alla perseveranza e alla capacità di mantenere il focus sugli obiettivi.

9. Canale 10-20: Il Canale del Comportamento e dell'Autenticità

- **Porte:** 10 (L'Amore di Sé) e 20 (Il Presente)
- **Descrizione:** Questo canale è legato alla capacità di vivere in modo autentico e manifestare il proprio comportamento naturale. Rappresenta l'importanza di essere fedeli a se stessi e vivere nel presente.

10. Canale 11-56: Il Canale della Curiosità e della Ricerca

- **Porte:** 11 (La Pace) e 56 (La Curiosità)
- **Descrizione:** Questo canale rappresenta la ricerca di nuove esperienze e conoscenze. È associato alla curiosità e alla capacità di esplorare e scoprire nuove idee e possibilità.

11. Canale 12-22: Il Canale della Creatività e dell'Espressione

- **Porte:** 12 (Il Critico) e 22 (L'Assorbimento)
- **Descrizione:** Questo canale è legato alla creatività e alla capacità di esprimere emozioni e idee in modo autentico. Rappresenta una connessione profonda con l'arte e la comunicazione creativa.

12. Canale 13-33: Il Canale della Riflessività e della Memoria

- **Porte:** 13 (Il Testimone) e 33 (La Riflessione)
- **Descrizione:** Questo canale rappresenta la capacità di riflettere sulle esperienze passate e utilizzare la memoria per guidare le decisioni future. È associato alla consapevolezza e alla comprensione profonda.

13. Canale 14-2: Il Canale dell'Abbondanza e della Visione

- **Porte:** 14 (Il Potere dei Risultati) e 2 (Il Potere di Ricevere)

- **Descrizione:** Questo canale è legato alla capacità di attrarre abbondanza e opportunità attraverso una visione chiara e una forte intuizione. Rappresenta un'energia potente per raggiungere i propri obiettivi.

14. Canale 15-5: Il Canale dell'Accettazione e del Ritmo

- **Porte:** 15 (L'Accettazione) e 5 (Il Ritmo)
- **Descrizione:** Questo canale è associato alla capacità di adattarsi ai ritmi naturali della vita e accettare le variazioni. Rappresenta una connessione profonda con le ciclicità e la naturale variazione delle esperienze.

15. Canale 16-48: Il Canale della Competenza e della Profondità

- **Porte:** 16 (L'Abilità) e 48 (La Profondità)
- **Descrizione:** Questo canale rappresenta la capacità di acquisire competenze e approfondire la propria comprensione. È associato alla ricerca di conoscenze e all'acquisizione di abilità specialistiche.

16. Canale 17-62: Il Canale della Visione e della Comunicazione

- **Porte:** 17 (La Visione) e 62 (La Comunicazione)
- **Descrizione:** Questo canale è legato alla capacità di comunicare chiaramente la propria visione e idee. Rappresenta una connessione con l'espressione creativa e la condivisione della propria intuizione.

17. Canale 18-58: Il Canale della Correzione e della Vitalità

- **Porte:** 18 (La Correzione) e 58 (La Vitalità)
- **Descrizione:** Questo canale rappresenta la capacità di apportare correzioni e miglioramenti nella vita e di mantenere una vitalità e un'energia costante. È associato alla forza e alla determinazione.

18. Canale 19-49: Il Canale dell'Emozione e della Rivoluzione

- **Porte:** 19 (Il Contatto) e 49 (La Rivoluzione)
- **Descrizione:** Questo canale è legato alla capacità di creare cambiamenti e rivoluzioni attraverso le emozioni e il contatto con gli altri. Rappresenta un'energia potente per il cambiamento e la trasformazione.

19. Canale 20-34: Il Canale del Presente e della Forza

- **Porte:** 20 (Il Presente) e 34 (La Forza)
- **Descrizione:** Questo canale rappresenta la capacità di agire nel presente con forza e determinazione. È associato all'energia e alla presenza immediata.

20. Canale 21-45: Il Canale del Controllo e del Potere

- **Porte:** 21 (Il Controllo) e 45 (Il Potere)
- **Descrizione:** Questo canale è legato alla capacità di esercitare controllo e potere nella vita. Rappresenta una connessione con la leadership e la gestione delle risorse.

21. Canale 22-36: Il Canale dell'Espressione e dell'Emozione

- **Porte:** 22 (L'Assorbimento) e 36 (L'Emozione)
- **Descrizione:** Questo canale rappresenta la capacità di esprimere le proprie emozioni in modo autentico e di gestire le esperienze emotive. È associato alla sensibilità e alla comunicazione emotiva.

22. Canale 23-43: Il Canale della Chiarezza e della Realizzazione

- **Porte:** 23 (L'Integrazione) e 43 (La Chiarezza)
- **Descrizione:** Questo canale è legato alla capacità di realizzare idee e visioni con chiarezza e intuizione. Rappresenta un'energia potente per l'innovazione e la creatività.

23. Canale 24-61: Il Canale della Riflessione e della Conoscenza

- **Porte:** 24 (La Riflessione) e 61 (La Conoscenza)
- **Descrizione:** Questo canale rappresenta la capacità di riflettere profondamente e acquisire conoscenze intuitive. È associato alla ricerca di verità e comprensione profonda.

24. Canale 25-51: Il Canale dell'Innocenza e della Scossa

- **Porte:** 25 (L'Innocenza) e 51 (La Scossa)
- **Descrizione:** Questo canale è legato alla capacità di affrontare gli shock e le sfide con innocenza e apertura. Rappresenta una connessione con la spontaneità e l'energia trasformativa.

25. Canale 26-44: Il Canale della Trasformazione e della Consapevolezza

- **Porte:** 26 (La Trasformazione) e 44 (La Consapevolezza)
- **Descrizione:** Questo canale rappresenta la capacità di trasformare le esperienze e acquisire consapevolezza. È associato alla capacità di adattarsi e crescere attraverso le sfide.

26. Canale 27-50: Il Canale della Cura e della Conservazione

- **Porte:** 27 (La Cura) e 50 (La Conservazione)

- **Descrizione:** Questo canale è legato alla capacità di prendersi cura degli altri e di mantenere una conservazione equilibrata delle risorse. Rappresenta un'energia potente per la protezione e la gestione delle risorse.

27. Canale 28-38: Il Canale della Sfida e della Lotta

- **Porte:** 28 (La Sfida) e 38 (La Lotta)
- **Descrizione:** Questo canale rappresenta la capacità di affrontare le sfide e combattere per ciò che è giusto. È associato alla determinazione e alla forza interiore.

28. Canale 29-46: Il Canale della Committente e della Realizzazione

- **Porte:** 29 (Il Dovere) e 46 (Il Successo)
- **Descrizione:** Questo canale è legato alla capacità di impegnarsi e realizzare i propri obiettivi con dedizione e perseveranza. Rappresenta un'energia potente per il successo e la realizzazione personale.

29. Canale 30-41: Il Canale del Desiderio e della Limitazione

- **Porte:** 30 (Il Desiderio) e 41 (La Limitazione)
- **Descrizione:** Questo canale rappresenta la capacità di navigare tra desideri e limitazioni e trovare un equilibrio tra i due. È associato alla gestione delle aspettative e delle esperienze.

30. Canale 32-54: Il Canale della Persistenza e del Successo

- **Porte:** 32 (La Continuazione) e 54 (Il Successo)
- **Descrizione:** Questo canale è legato alla capacità di persistere e raggiungere il successo attraverso il duro lavoro e la determinazione. Rappresenta un'energia potente per la realizzazione e la crescita personale.

31. Canale 33-19: Il Canale della Memoria e della Condivisione

- **Porte:** 33 (La Riflessione) e 19 (Il Contatto)
- **Descrizione:** Questo canale rappresenta la capacità di riflettere sulle esperienze e condividere le proprie intuizioni con gli altri. È associato alla consapevolezza e alla connessione con la propria memoria.

32. Canale 34-57: Il Canale della Forza e dell'Intuizione

- **Porte:** 34 (La Forza) e 57 (L'Intuizione)
- **Descrizione:** Questo canale rappresenta la capacità di utilizzare la forza interiore e l'intuizione per affrontare le sfide e ottenere risultati. Rappresenta un'energia potente per la realizzazione personale e il successo.

33. Canale 35-36: Il Canale della Transizione e dell'Esperienza

- **Porte:** 35 (L'Avventura) e 36 (L'Emozione)
- **Descrizione:** Questo canale è legato alla capacità di vivere esperienze e transizioni con emozione e apertura. Rappresenta una connessione con il cambiamento e la crescita personale.

34. Canale 37-40: Il Canale della Comunità e della Libertà

- **Porte:** 37 (La Comunità) e 40 (La Libertà)
- **Descrizione:** Questo canale rappresenta la capacità di creare e mantenere relazioni significative all'interno di una comunità e di cercare libertà e indipendenza. Rappresenta un'energia potente per la connessione e l'autonomia.

35. Canale 36-39: Il Canale della Passione e della Sfida

- **Porte:** 36 (L'Emozione) e 39 (La Provocazione)
- **Descrizione:** Questo canale è legato alla capacità di affrontare le sfide con passione e determinazione. Rappresenta un'energia potente per la trasformazione e la crescita personale.

36. Canale 37-49: Il Canale del Contatto e della Rivoluzione

- **Porte:** 37 (La Comunità) e 49 (La Rivoluzione)
- **Descrizione:** Questo canale rappresenta la capacità di creare cambiamenti e rivoluzioni attraverso le relazioni e il contatto con gli altri. Rappresenta un'energia potente per la trasformazione sociale e personale.

37. Canale 39-41: Il Canale della Provocazione e del Desiderio

- **Porte:** 39 (La Provocazione) e 41 (La Limitazione)
- **Descrizione:** Questo canale è legato alla capacità di provocare e stimolare il cambiamento attraverso il desiderio e l'aspirazione. Rappresenta un'energia potente per la crescita e la trasformazione personale.

38. Canale 40-64: Il Canale della Liberazione e dell'Intuizione

- **Porte:** 40 (La Libertà) e 64 (La Confusione)
- **Descrizione:** Questo canale rappresenta la capacità di liberarsi dalle limitazioni e utilizzare l'intuizione per affrontare la confusione e le sfide. Rappresenta un'energia potente per la risoluzione e la crescita personale.

39. Canale 41-56: Il Canale del Desiderio e della Curiosità

- **Porte:** 41 (La Limitazione) e 56 (La Curiosità)

- **Descrizione:** Questo canale è legato alla capacità di esplorare e scoprire nuove esperienze attraverso il desiderio e la curiosità. Rappresenta un'energia potente per l'innovazione e la crescita personale.

40. Canale 42-53: Il Canale della Crescita e della Nuova Iniziazione

- **Porte:** 42 (Il Crescimento) e 53 (Il Nuovo Inizio)
- **Descrizione:** Questo canale rappresenta la capacità di crescere e intraprendere nuove iniziative e cambiamenti nella vita. Rappresenta un'energia potente per la trasformazione e la crescita personale.

41. Canale 47-64: Il Canale della Percezione e della Confusione

- **Porte:** 47 (La Percezione) e 64 (La Confusione)
- **Descrizione:** Questo canale è legato alla capacità di percepire e comprendere la confusione e le esperienze. Rappresenta un'energia potente per la risoluzione e la chiarezza.

42. Canale 53-42: Il Canale della Nuova Iniziazione e della Crescita

- **Porte:** 53 (Il Nuovo Inizio) e 42 (Il Crescimento)
- **Descrizione:** Questo canale rappresenta la capacità di iniziare nuovi cicli e crescere attraverso il cambiamento e la trasformazione. Rappresenta un'energia potente per la realizzazione e la crescita personale.

43. Canale 57-48: Il Canale dell'Intuizione e della Profondità

- **Porte:** 43 (La Chiarezza) e 48 (La Profondità)
- **Descrizione:** Questo canale rappresenta la capacità di utilizzare l'intuizione e la comprensione profonda per affrontare le sfide e ottenere risultati. Rappresenta un'energia potente per la crescita e la realizzazione personale.

44. Canale 52-9: Il Canale della Stabilità e della Forza di Volontà

- **Porte:** 52 (La Stabilità) e 9 (La Forza di Volontà)
- **Descrizione:** Questo canale è legato alla capacità di mantenere la stabilità e utilizzare la forza di volontà per raggiungere i propri obiettivi. Rappresenta un'energia potente per la determinazione e la realizzazione personale.

45. Canale 55-39: Il Canale della Libertà e della Provocazione

- **Porte:** 55 (La Libertà) e 39 (La Provocazione)
- **Descrizione:** Questo canale rappresenta la capacità di affrontare le sfide e stimolare il cambiamento attraverso la libertà e la provocazione. Rappresenta un'energia potente per la crescita e la trasformazione personale.

46. Canale 54-32: Il Canale del Successo e della Persistenza

- **Porte:** 54 (Il Successo) e 32 (La Persistenza)
- **Descrizione:** Questo canale è legato alla capacità di raggiungere il successo attraverso la persistente determinazione e il duro lavoro. Rappresenta un'energia potente per la realizzazione e la crescita personale.

47. Canale 57-20: Il Canale dell'Intuizione e della Presenza

- **Porte:** 57 (L'Intuizione) e 20 (Il Presente)
- **Descrizione:** Questo canale rappresenta la capacità di utilizzare l'intuizione e la consapevolezza del presente per affrontare le sfide e ottenere risultati. Rappresenta un'energia potente per la realizzazione e la crescita personale.

48. Canale 52-42: Il Canale della Stabilità e della Crescita

- **Porte:** 52 (La Stabilità) e 42 (Il Crescimento)
- **Descrizione:** Questo canale rappresenta la capacità di mantenere la stabilità e crescere attraverso il cambiamento e la trasformazione. Rappresenta un'energia potente per la realizzazione e la crescita personale.

49. Canale 55-39: Il Canale della Libertà e della Provocazione

- **Porte:** 55 (La Libertà) e 39 (La Provocazione)
- **Descrizione:** Questo canale è legato alla capacità di affrontare le sfide e stimolare il cambiamento attraverso la libertà e la provocazione. Rappresenta un'energia potente per la crescita e la trasformazione personale.

50. Canale 27-50: Il Canale della Cura e della Conservazione

- **Porte:** 27 (La Cura) e 50 (La Conservazione)
- **Descrizione:** Questo canale rappresenta la capacità di prendersi cura degli altri e mantenere un equilibrio nella gestione delle risorse. Rappresenta un'energia potente per la protezione e la cura.

51. Canale 25-51: Il Canale dell'Innocenza e della Scossa

- **Porte:** 25 (L'Innocenza) e 51 (La Scossa)
- **Descrizione:** Questo canale è legato alla capacità di affrontare le sorprese e le sfide con innocenza e apertura. Rappresenta una connessione profonda con la spontaneità e la trasformazione.

52. Canale 53-42: Il Canale del Nuovo Inizio e della Crescita

- **Porte:** 53 (Il Nuovo Inizio) e 42 (Il Crescimento)

- **Descrizione:** Questo canale rappresenta la capacità di iniziare nuovi cicli e crescere attraverso il cambiamento e la trasformazione. Rappresenta un'energia potente per la realizzazione e la crescita personale.

53. Canale 43-23: Il Canale della Chiarezza e dell'Integrazione

- **Porte:** 43 (La Chiarezza) e 23 (L'Integrazione)
- **Descrizione:** Questo canale è legato alla capacità di comprendere e integrare nuove idee e intuizioni. Rappresenta un'energia potente per l'innovazione e la comunicazione.

54. Canale 32-54: Il Canale della Persistenza e del Successo

- **Porte:** 32 (La Continuazione) e 54 (Il Successo)
- **Descrizione:** Questo canale rappresenta la capacità di perseverare e raggiungere il successo attraverso il duro lavoro e la determinazione. Rappresenta un'energia potente per la realizzazione e la crescita personale.

55. Canale 39-55: Il Canale della Provocazione e della Libertà

- **Porte:** 39 (La Provocazione) e 55 (La Libertà)
- **Descrizione:** Questo canale è legato alla capacità di stimolare il cambiamento e la libertà attraverso la provocazione e la sfida. Rappresenta un'energia potente per la crescita e la trasformazione personale.

56. Canale 22-56: Il Canale dell'Espressione e della Curiosità

- **Porte:** 22 (L'Assorbimento) e 56 (La Curiosità)
- **Descrizione:** Questo canale rappresenta la capacità di esprimere e comunicare la propria curiosità e creatività. È associato alla comunicazione e all'esplorazione delle esperienze.

57. Canale 20-57: Il Canale della Presenza e dell'Intuizione

- **Porte:** 20 (Il Presente) e 57 (L'Intuizione)
- **Descrizione:** Questo canale è legato alla capacità di essere presenti e utilizzare l'intuizione per affrontare le sfide. Rappresenta un'energia potente per la realizzazione e la crescita personale.

58. Canale 18-58: Il Canale della Correzione e della Vitalità

- **Porte:** 18 (La Correzione) e 58 (La Vitalità)
- **Descrizione:** Questo canale rappresenta la capacità di apportare correzioni e mantenere una vitalità costante. È associato alla forza e alla determinazione.

59. Canale 6-59: Il Canale del Conflitto e dell'Intimità

- **Porte:** 6 (Il Conflitto) e 59 (L'Intimità)
- **Descrizione:** Questo canale è legato alla capacità di gestire conflitti e creare relazioni intime. Rappresenta un'energia potente per la trasformazione e la connessione personale.

60. Canale 3-60: Il Canale della Nuova Consapevolezza e della Limitazione

- **Porte:** 3 (La Nuova Consapevolezza) e 60 (La Limitazione)
- **Descrizione:** Questo canale rappresenta la capacità di affrontare e superare limitazioni attraverso il cambiamento e la trasformazione. Rappresenta un'energia potente per la crescita e la realizzazione personale.

Ogni canale ha una complessità unica e la sua interpretazione può variare in base al contesto specifico del Bodygraph.

Per una comprensione più approfondita e personalizzata, ti consiglio di consultare un analista di Human Design o utilizzare strumenti e risorse specializzati.

PORTE

Nel sistema di Human Design, le **porte** sono i punti specifici di energia all'interno di ogni centro, e ciascuna porta rappresenta un aspetto unico e una qualità particolare della nostra esistenza.

Ogni porta ha una descrizione specifica che riflette i suoi tratti distintivi e il modo in cui influisce sul Bodygraph.

Ecco un riassunto di tutte le 64 porte, basato sui loro significati e qualità principali:

1. Porta 1: L'Iniziativa Creativa

- **Descrizione:** Energia creativa e originale; impulso a esprimere se stessi e a manifestare unicità.

2. Porta 2: Il Potere di Ricevere

- **Descrizione:** Capacità di ricevere e integrare direzioni e intuizioni; sensazione di attrarre risorse e opportunità.

3. Porta 3: La Nuova Consapevolezza

- **Descrizione:** Capacità di affrontare e risolvere cambiamenti e innovazioni; apertura alla trasformazione attraverso la novità.

4. Porta 4: Il Risultato

- **Descrizione:** Ricerca di risposte e soluzioni attraverso la riflessione e la comprensione; analisi di possibilità e risultati.

5. Porta 5: Il Ritmo

- **Descrizione:** Connessione con i ritmi e le ciclicità naturali della vita; capacità di adattarsi a cambiamenti regolari.

6. Porta 6: Il Conflitto

- **Descrizione:** Energia per gestire e risolvere conflitti e sfide; trasformazione attraverso le emozioni e le relazioni.

7. Porta 7: Il Ruolo

- **Descrizione:** Capacità di assumere ruoli di leadership e guida; orientamento verso il servizio e l'organizzazione.

8. Porta 8: La Visione

- **Descrizione:** Abilità di ispirare e motivare gli altri con una visione chiara; creatività e ambizione.

9. Porta 9: La Forza di Volontà

- **Descrizione:** Energia per concentrarsi e perseverare verso obiettivi specifici; determinazione e forza interiore.

10. Porta 10: L'Amore di Sé

- **Descrizione:** Capacità di vivere in modo autentico e accettare se stessi; focus su auto-realizzazione e individualità.

11. Porta 11: La Pace

- **Descrizione:** Ricerca di armonia e pace attraverso la riflessione e la comprensione; intuizione e condivisione di idee.

12. Porta 12: Il Critico

- **Descrizione:** Capacità di esprimere emozioni e pensieri in modo critico; introspezione e analisi personale.

13. Porta 13: Il Testimone

- **Descrizione:** Abilità di osservare e riflettere sugli eventi e le esperienze; capacità di apprendere attraverso l'ascolto e la testimonianza.

14. Porta 14: Il Potere dei Risultati

- **Descrizione:** Abilità di attrarre risorse e ottenere risultati attraverso intuizione e direzione chiara; successi e manifestazione.

15. Porta 15: L'Accettazione

- **Descrizione:** Capacità di accettare e adattarsi a vari ritmi e cambiamenti; equilibrio e flessibilità.

16. Porta 16: L'Abilità

- **Descrizione:** Energia per sviluppare e utilizzare competenze specialistiche; talento e perfezionismo.

17. Porta 17: La Visione

- **Descrizione:** Capacità di formulare e comunicare visioni e idee; intelligenza e chiarezza mentale.

18. Porta 18: La Correzione

- **Descrizione:** Energia per apportare correzioni e miglioramenti; attenzione ai dettagli e perfezionismo.

19. Porta 19: Il Contatto

- **Descrizione:** Capacità di stabilire connessioni e relazioni significative; empatia e interazione sociale.

20. Porta 20: Il Presente

- **Descrizione:** Energia di vivere nel momento presente; presenza e consapevolezza immediata.

21. Porta 21: Il Controllo

- **Descrizione:** Capacità di esercitare controllo e gestione; autorità e leadership.

22. Porta 22: L'Assorbimento

- **Descrizione:** Abilità di esprimere emozioni e adattarsi alle situazioni sociali; eleganza e comunicazione.

23. Porta 23: L'Integrazione

- **Descrizione:** Capacità di esprimere e integrare intuizioni e conoscenze; chiarezza e semplicità comunicativa.

24. Porta 24: La Riflessione

- **Descrizione:** Abilità di riflettere e approfondire la comprensione; intuizione e consapevolezza interiore.

25. Porta 25: L'Innocenza

- **Descrizione:** Energia di vivere e amare in modo puro e genuino; semplicità e autenticità.

26. Porta 26: La Trasformazione

- **Descrizione:** Capacità di influenzare e trasformare gli altri attraverso il potere e la persuasione; successo e impatto.

27. Porta 27: La Cura

- **Descrizione:** Abilità di prendersi cura degli altri e gestire le risorse; nutrimento e protezione.

28. Porta 28: La Sfida

- **Descrizione:** Energia per affrontare e superare le sfide; determinazione e coraggio.

29. Porta 29: Il Dovere

- **Descrizione:** Capacità di impegnarsi e completare impegni; dedizione e responsabilità.

30. Porta 30: Il Desiderio

- **Descrizione:** Abilità di gestire e manifestare desideri e aspirazioni; passione e ambizione.

31. Porta 31: Il Leader

- **Descrizione:** Capacità di guidare e ispirare gli altri; leadership e direzione.

32. Porta 32: La Continuazione

- **Descrizione:** Energia per perseverare e continuare nonostante le sfide; resilienza e stabilità.

33. Porta 33: La Riflessione

- **Descrizione:** Capacità di riflettere e condividere esperienze passate; saggezza e memoria.

34. Porta 34: La Forza

- **Descrizione:** Energia per agire con potenza e determinazione; forza e vitalità.

35. Porta 35: L'Avventura

- **Descrizione:** Capacità di cercare e accogliere nuove esperienze; esplorazione e curiosità.

36. Porta 36: L'Emozione

- **Descrizione:** Energia per gestire e comprendere le emozioni; sensibilità e profondità emotiva.

37. Porta 37: La Comunità

- **Descrizione:** Capacità di creare e mantenere relazioni e comunità; supporto e connessione sociale.

38. Porta 38: La Lotta

- **Descrizione:** Energia per combattere e superare le avversità; sfida e perseveranza.

39. Porta 39: La Provocazione

- **Descrizione:** Capacità di stimolare cambiamenti e provocare riflessione; provocazione e innovazione.

40. Porta 40: La Libertà

- **Descrizione:** Energia per cercare indipendenza e libertà; autonomia e auto-espressione.

41. Porta 41: La Limitazione

- **Descrizione:** Capacità di affrontare e gestire limitazioni e cicli di nuove esperienze; anticipazione e preparazione.

42. Porta 42: Il Crescimento

- **Descrizione:** Energia per completare e realizzare progetti e cicli di vita; crescita e sviluppo.

43. Porta 43: La Chiarezza

- **Descrizione:** Capacità di comprendere e comunicare intuizioni e idee; chiarezza mentale e innovazione.

44. Porta 44: La Consapevolezza

- **Descrizione:** Energia per riconoscere e integrare segnali e pattern; intuizione e consapevolezza.

45. Porta 45: Il Potere

- **Descrizione:** Capacità di gestire e utilizzare risorse e potere; leadership e controllo.

46. Porta 46: Il Successo

- **Descrizione:** Energia per realizzare e raggiungere obiettivi; successo e realizzazione personale.

47. Porta 47: La Percezione

- **Descrizione:** Capacità di percepire e risolvere confusione e complessità; intuizione e comprensione profonda.

48. Porta 48: La Profondità

- **Descrizione:** Energia per esplorare e approfondire conoscenze e competenze; competenza e ricerca.

49. Porta 49: La Rivoluzione

- **Descrizione:** Capacità di provocare cambiamenti e riforme; innovazione e trasformazione.

50. Porta 50: La Conservazione

- **Descrizione:** Energia per mantenere e proteggere risorse e valori; equilibrio e gestione.

51. Porta 51: La Scossa

- **Descrizione:** Capacità di affrontare e accettare shock e cambiamenti improvvisi; coraggio e resilienza.

52. Porta 52: La Stabilità

- **Descrizione:** Energia per mantenere la calma e la stabilità; concentrazione e tranquillità.

53. Porta 53: Il Nuovo Inizio

- **Descrizione:** Capacità di avviare nuovi progetti e cicli; iniziativa e crescita.

54. Porta 54: Il Successo

- **Descrizione:** Energia per perseguire e ottenere successo e riconoscimento; determinazione e ambizione.

55. Porta 55: La Libertà

- **Descrizione:** Capacità di esprimere e ricercare libertà emotiva e creativa; indipendenza e auto-espressione.

56. Porta 56: La Curiosità

- **Descrizione:** Energia per esplorare e scoprire nuove esperienze; ricerca e innovazione.

57. Porta 57: L'Intuizione

- **Descrizione:** Capacità di percepire e rispondere alle intuizioni; sensibilità e percezione.

58. Porta 58: La Vitalità

- **Descrizione:** Energia per mantenere vitalità e benessere; energia e entusiasmo.

59. Porta 59: L'Intimità

- **Descrizione:** Capacità di creare e mantenere relazioni intime e significative; connessione e coinvolgimento.

60. Porta 60: La Limitazione

- **Descrizione:** Energia per affrontare e superare limitazioni e restrizioni; accettazione e trasformazione.

61. Porta 61: La Conoscenza

- **Descrizione:** Capacità di ricercare e comprendere verità e conoscenze profonde; intuizione e saggezza.

62. Porta 62: La Precisione

- **Descrizione:** Energia per comunicare e realizzare dettagli e precisioni; accuratezza e chiarezza.

63. Porta 63: Il Dubbi

- **Descrizione:** Capacità di esplorare e risolvere dubbi e incertezze; analisi e introspezione.

64. Porta 64: La Confusione

- **Descrizione:** Energia per affrontare e risolvere stati di confusione e caos; intuizione e chiarezza mentale.

Ogni porta ha un ruolo specifico e un impatto unico nella tua carta di Human Design, contribuendo a determinare il tuo comportamento, le tue reazioni e la tua interazione con il mondo.

AUTORITÀ

Nel sistema di Human Design, il termine **"autorità"** si riferisce al processo interiore attraverso il quale una persona prende decisioni che sono in allineamento con la propria vera natura.

È un aspetto cruciale del sistema, poiché seguire la propria autorità personale aiuta a prendere decisioni che riflettono la propria autenticità e che sono più probabili per portare soddisfazione e successo nella vita.

Cos'è l'Autorità?

L'**autorità** è il metodo specifico attraverso il quale il tuo corpo e la tua mente comunicano e forniscono indicazioni su quale sia la decisione migliore da prendere.

Ogni tipo di autorità è unico e si basa sulla tua configurazione energetica, che è determinata dai tuoi centri e dalle loro attivazioni nel Bodygraph.

È importante seguire la propria autorità per evitare decisioni impulsive e allinearsi con il proprio percorso ottimale.

Tipologie di Autorità

Ecco le diverse tipologie di autorità nel sistema di Human Design, ognuna con una descrizione del suo funzionamento:

1. **Autorità Emotiva (Solar Plexus)**
   - **Descrizione:** Le persone con questa autorità devono aspettare il passaggio attraverso un ciclo emotivo completo prima di prendere una decisione. La chiarezza arriva dopo aver vissuto le alti e bassi delle emozioni e aver riflettuto su di essi. Non è consigliabile prendere decisioni importanti in momenti di alta emozione.
2. **Autorità Sacrale**
   - **Descrizione:** Le persone con questa autorità ricevono risposte immediate e istintive dal loro centro sacrale (situato nell'area dell'addome). Le risposte sono spesso sentite come una vibrazione di "sì" o "no" che guida le decisioni. È importante ascoltare queste risposte spontanee.
3. **Autorità del Sé (Ego)**
   - **Descrizione:** Le persone con questa autorità prendono decisioni migliori quando sono motivati dal loro desiderio di soddisfare il proprio ego o il loro senso di volontà personale. Le decisioni devono essere in linea con i propri desideri e ambizioni personali.
4. **Autorità della Testa (G)**
   - **Descrizione:** Le persone con questa autorità hanno una direzione e un senso del sé forti e stabili. Prendono decisioni migliori quando ascoltano la loro intuizione e il loro senso di identità. Spesso, è necessario prendere tempo per riflettere su come una decisione si allinea con il loro senso di chi sono.
5. **Autorità della Milza**
   - **Descrizione:** Le persone con questa autorità devono fidarsi del loro istinto immediato e della loro intuizione, che viene espressa attraverso sensazioni

fisiche e istintive. Le decisioni devono essere prese rapidamente, poiché la chiarezza arriva istantaneamente.

6. **Autorità Non Definita (Aperta)**
   o **Descrizione:** Le persone senza una definizione chiara di autorità devono prendere decisioni basandosi sulla loro esperienza e riflessione. Possono influenzarsi dalle altre persone e dalle loro circostanze, quindi è importante per loro imparare a discernere e riflettere con attenzione su ciò che vogliono veramente.

7. **Autorità della Proiezione (Non definita in un centro specifico)**
   o **Descrizione:** Le persone con autorità della proiezione spesso devono aspettare di essere riconosciuti e invitati da altri prima di prendere decisioni significative. Le loro migliori decisioni arrivano quando sono chiamati o invitati in un contesto specifico.

8. **Autorità del Nodo (Facoltativa)**
   o **Descrizione:** Questa autorità si basa sulla posizione dei nodi lunari nel Bodygraph. Le decisioni migliori sono prese quando una persona si allinea con il proprio percorso karmico e il proprio destino a lungo termine.

Conclusioni

Seguire la propria autorità personale è essenziale per vivere in modo autentico e soddisfacente.

Ogni tipo di autorità offre un metodo specifico per prendere decisioni e avere successo nella vita.

Conoscere e comprendere la propria autorità aiuta a navigare la vita in modo più efficace e allineato con il proprio vero sé.

NODI LUNARI

I **nodi lunari** nel sistema di Human Design sono punti astrologici che rappresentano due forze opposte e complementari che influenzano il nostro percorso di vita e il nostro sviluppo karmico.

Questi nodi non sono corpi celesti reali, ma punti matematici nel cielo che indicano i punti di intersezione tra l'orbita della Luna e l'eclittica, il percorso apparente del Sole.

Cosa Sono i Nodi Lunari?

Nel contesto dell'astrologia e del Human Design, i nodi lunari sono divisi in due:

1. **Nodo Nord (Nodo del Destino)**

o **Descrizione:** Il Nodo Nord rappresenta la direzione e il destino verso cui ci siamo evoluti in questa vita. Indica il nostro scopo e le aree di crescita e sviluppo. È visto come il nostro percorso ideale e ciò che dobbiamo aspirare a raggiungere per realizzare il nostro potenziale più alto.

2. **Nodo Sud (Nodo del Passato)**

o **Descrizione:** Il Nodo Sud rappresenta le esperienze e le tendenze karmiche passate, ovvero le qualità e le abilità che abbiamo sviluppato in vite precedenti. Indica le aree in cui ci sentiamo più a nostro agio, ma che possono anche rappresentare zone di comfort o di stagnazione.

Significato dei Nodi Lunari nel Human Design

Nel Human Design, i nodi lunari influenzano il nostro percorso di crescita e sviluppo personale. Ogni Nodo Lunare ha un impatto specifico sulla nostra vita e sul nostro Bodygraph. Comprendere il loro posizionamento può fornire intuizioni su come allinearci meglio con il nostro scopo e le nostre sfide.

Elenchi dei Nodi Lunari

Ecco una panoramica di come i Nodi Lunari possono essere interpretati:

Nodo Nord (Nodo del Destino)

- **Indica:** La direzione verso cui dovresti tendere nella tua vita. Le qualità e le esperienze associate al Nodo Nord rappresentano le aree in cui devi evolvere e crescere.
- **Esplorazione:** Il Nodo Nord suggerisce le sfide e le opportunità di crescita che ti guideranno verso una maggiore realizzazione personale e spirituale.

Nodo Sud (Nodo del Passato)

- **Indica:** Le esperienze e i talenti che hai portato con te da vite precedenti. Rappresenta le aree in cui sei più esperto e a tuo agio, ma che potrebbero anche rappresentare zone di comfort da superare per evolverti.
- **Esplorazione:** Il Nodo Sud offre una comprensione del passato e dei modelli di comportamento che devi riconoscere e trasformare per raggiungere il tuo vero potenziale.

Ruolo dei Nodi Lunari nel Bodygraph

Nel Bodygraph, i nodi lunari sono posizionati in determinati gate e canali, influenzando la nostra esperienza di vita e il nostro sviluppo.

Per una comprensione dettagliata e personalizzata, è utile consultare un analista di Human Design che può interpretare come i nodi lunari interagiscono con il tuo specifico schema energetico.

Conclusione

I nodi lunari nel sistema di Human Design forniscono una guida preziosa per comprendere il nostro cammino evolutivo e le aree di crescita. Rappresentano una mappa per navigare verso il nostro scopo e il nostro potenziale più alto, aiutandoci a riconoscere e integrare le esperienze passate mentre ci dirigiamo verso il futuro.

PROFILO

Nel sistema di Human Design, il **profilo** è un elemento fondamentale che descrive il modo in cui una persona interagisce con il mondo e come vive la propria identità.

È composto da due numeri, ognuno dei quali rappresenta un archetipo o una "linea" specifica che combina aspetti di personalità, comportamento e dinamiche relazionali.

Cos'è il Profilo?

Il profilo in Human Design è formato da una combinazione di sei archetipi (o "linee") che si combinano in 12 possibili configurazioni. Questi archetipi sono derivati dalle 6 linee del I-Ching, un antico testo divinatorio cinese, e riflettono diversi modi di affrontare la vita, di apprendere e di interagire con gli altri.

Ogni persona ha un profilo specifico composto da due numeri che rappresentano le linee del suo design. Ad esempio, un profilo 1/3 (Investigatore/Martire) indica una combinazione di caratteristiche legate all'investigazione e all'apprendimento attraverso l'esperienza.

Elenco dei Profili

Ecco una panoramica dei 12 profili, con una breve descrizione di ciascuno:

1. **1/3 - Investigatore/Martire**
   - **Descrizione:** Il profilo 1/3 è orientato alla ricerca approfondita e alla sperimentazione. Gli individui con questo profilo tendono a essere analitici e a cercare una solida base di conoscenza, ma imparano anche attraverso esperienze dirette e errori. Sono spesso visti come persone che "scoprono" e "testano" la verità.
2. **1/4 - Investigatore/Opportunista**
   - **Descrizione:** Questo profilo combina la ricerca approfondita con la capacità di creare e sfruttare opportunità attraverso le relazioni e le connessioni sociali. Gli individui con questo profilo tendono a cercare informazioni dettagliate e a costruire una rete di contatti utili.
3. **2/4 - Eremita/Opportunista**

- o **Descrizione:** Gli individui con il profilo 2/4 hanno una natura introversa e si concentrano su una crescita personale attraverso l'auto-riflessione e il tempo da soli, ma sono anche influenzati dalle opportunità che emergono attraverso le loro connessioni sociali e le loro relazioni.

4. **2/5 - Eremita/Erudito**
   - o **Descrizione:** Questo profilo combina l'auto-riflessione con una capacità di risolvere problemi e influenzare gli altri. Gli individui con questo profilo possono tendere a ritirarsi per riflettere, ma anche a offrire soluzioni e influenzare la comunità con le loro intuizioni e competenze.

5. **3/5 - Martire/Erudito**
   - o **Descrizione:** Il profilo 3/5 è caratterizzato dalla capacità di apprendere attraverso l'esperienza e di influenzare gli altri con soluzioni pratiche. Gli individui con questo profilo affrontano molte sfide e sperimentano, ma trovano modi per risolvere problemi e migliorare le loro situazioni.

6. **3/6 - Martire/Role Model**
   - o **Descrizione:** Questo profilo è noto per la sua capacità di apprendere attraverso l'esperienza e poi agire come esempio o guida per gli altri. Gli individui con il profilo 3/6 passano attraverso vari stadi di esperienza e alla fine diventano modelli di comportamento e guida.

7. **4/6 - Opportunista/Role Model**
   - o **Descrizione:** Gli individui con il profilo 4/6 costruiscono connessioni significative e spesso diventano esempi di integrità e successo per gli altri. Questo profilo combina l'influenza sociale con una maturazione e crescita che portano a diventare una guida o un modello.

8. **4/1 - Opportunista/Investigatore**
   - o **Descrizione:** Questo profilo combina la capacità di sfruttare le opportunità sociali con un forte desiderio di acquisire conoscenze approfondite. Gli individui con il profilo 4/1 spesso costruiscono relazioni utili mentre cercano una comprensione profonda e stabile.

9. **5/1 - Erudito/Investigatore**
   - o **Descrizione:** Il profilo 5/1 è caratterizzato da una forte capacità di risolvere problemi e di acquisire conoscenze approfondite. Gli individui con questo profilo sono spesso visti come risolutori di problemi e ricercatori che offrono soluzioni pratiche e affidabili.

10. **5/2 - Erudito/Eremita**
    - o **Descrizione:** Questo profilo combina la risoluzione dei problemi e la conoscenza con una natura più introversa e riflessiva. Gli individui con il profilo 5/2 possono trovare successo attraverso il loro apprendimento e le loro intuizioni, pur avendo un bisogno di tempo per riflettere da soli.

11. **6/2 - Role Model/Eremita**
    - o **Descrizione:** Gli individui con il profilo 6/2 passano attraverso diverse fasi di esperienza personale e, alla fine, diventano modelli di comportamento e saggezza. Questo profilo combina un percorso di crescita personale con una capacità di offrire guida e ispirazione agli altri.

12. **6/3 - Role Model/Martire**

o **Descrizione:** Il profilo 6/3 è noto per attraversare esperienze e sfide personali e poi diventare un esempio per gli altri. Gli individui con questo profilo vivono una serie di esperienze e, attraverso di esse, acquisiscono la saggezza necessaria per guidare e ispirare gli altri.

Conclusione

I profili in Human Design offrono un'importante panoramica su come una persona interagisce con il mondo e come si evolve attraverso esperienze e relazioni. Ogni profilo ha le sue caratteristiche uniche che influenzano il modo in cui affrontiamo la vita e come possiamo trovare soddisfazione e successo.

DEFINIZIONE

Nel sistema di Human Design, la **"definizione"** si riferisce alla combinazione di centri, canali e porte, che sono attivi e colorati nel Bodygraph di una persona.

La definizione indica le aree della vita che sono stabili e costanti per l'individuo, rappresentando aspetti della propria energia e personalità che sono rigidi, costanti, coerenti e affidabili.

Cosa è la Definizione?

La definizione è essenzialmente una mappa di come l'energia è distribuita e integrata nel Bodygraph. Essa determina quali centri e canali sono attivi ("definiti") e come si manifesta l'energia personale.

La presenza di definizione in un centro o canale significa che quel particolare aspetto dell'energia è influenzato da una costante interazione e influenza nel proprio corpo e nella propria vita.

Tipi di Definizione

I diversi tipi di definizione nel Bodygraph possono essere suddivisi in categorie basate su come l'energia è distribuita e come si manifesta nella vita di una persona.

Ecco una panoramica dei principali tipi di definizione:

1. **Definizione Singola**
   o **Descrizione:** La definizione singola si verifica quando un centro è completamente colorato e attivo da solo, senza l'influenza di canali o centri adiacenti. Indica una forza costante e chiara in quel centro specifico, e la persona può esprimere direttamente le qualità associate a quel centro.

- o **Esempio:** Una persona con una definizione singola nel Centro Sacrale avrà un chiaro accesso all'energia sacrale e può fare affidamento su una risposta immediata alle domande "sì/no".

2. **Definizione Tripla**
   - o **Descrizione:** La definizione tripla si verifica quando tre centri sono collegati tra loro da canali, formando una struttura di energia interconnessa. Questo tipo di definizione crea una rete di energia che influenza come una persona percepisce e risponde agli stimoli esterni.
   - o **Esempio:** Una persona con una definizione tripla può avere un centro sacralmente definito, connesso a un centro emozionale e a un centro del Sé, creando una rete di energia che influenza il modo in cui gestisce le emozioni e le decisioni.

3. **Definizione Quadrupla**
   - o **Descrizione:** La definizione quadrupla è presente quando quattro centri sono collegati tra loro, creando una rete di energia complessa e interconnessa. Questo tipo di definizione implica una forte coerenza e una maggiore capacità di integrare e gestire l'energia personale.
   - o **Esempio:** Una persona con una definizione quadrupla può avere una rete di centri che influenzano direttamente la loro capacità di comunicare, connettersi e agire in modo coeso e sinergico.

4. **Definizione d'Aggancio (o Definizione Incrociata)**
   - o **Descrizione:** La definizione d'aggiungo si verifica quando due centri o più sono connessi da un canale e sono collegati ad altri centri tramite altri canali, ma non formano una rete chiusa. Questa definizione implica che l'energia è influenzata da altre persone e circostanze esterne.
   - o **Esempio:** Una persona con una definizione d'aggiungo può avere un centro definito che è collegato a un altro centro da un canale, ma non ha un collegamento diretto con tutti i centri principali, suggerendo che l'energia è influenzata dall'ambiente circostante.

5. **Definizione Adatta (o Definizione Non Completa)**
   - o **Descrizione:** Questo tipo di definizione si verifica quando ci sono centri definiti che non sono completamente connessi tra loro. Questi centri possono avere una definizione parziale e non formano una rete completa di energia.
   - o **Esempio:** Una persona con una definizione adatta potrebbe avere un centro definito che non è direttamente collegato a tutti gli altri centri, suggerendo una certa variabilità nella manifestazione dell'energia.

6. **Definizione Rete (o Definizione Strutturata)**
   - o **Descrizione:** La definizione rete si verifica quando i centri e i canali sono organizzati in una struttura complessa che forma una rete energetica interconnessa. Questo tipo di definizione implica una forte integrazione e coesione energetica.
   - o **Esempio:** Una persona con una definizione rete avrà una serie di centri e canali che lavorano insieme per formare una struttura coesa e integrata, facilitando una forte coerenza e stabilità energetica.

Conclusione

La definizione nel Bodygraph è un aspetto chiave per comprendere come l'energia personale si manifesta e come influisce sul comportamento e sull'interazione con il mondo.

Ogni tipo di definizione offre una prospettiva unica su come una persona vive e gestisce la propria energia, e capire la propria definizione può fornire intuizioni preziose su come navigare nella vita in modo più armonioso e autentico.

HUMAN DESIGN E RELAZIONI INTERPERSONALI

L'Human Design offre strumenti e intuizioni per comprendere e migliorare le relazioni interpersonali, basandosi sulla mappa energetica unica di ciascun individuo.

Applicare lo Human Design nelle relazioni può aiutare a migliorare la comunicazione, la comprensione reciproca e la compatibilità.

Ecco alcuni modi in cui Human Design può essere applicato nelle relazioni interpersonali:

1. Comprendere i Tipi di Energia

Ogni persona ha un tipo energetico unico:

- **Manifestatori:** Tendono a essere iniziatori e possono avere un forte impatto sugli altri. È importante che comunichino le loro intenzioni e decisioni agli altri.
- **Generatori:** Hanno energia sostenibile e sono reattivi. Rispondono meglio quando sono coinvolti in attività che li appassionano.
- **Proiettori:** Guidano e orientano gli altri. Hanno bisogno di essere riconosciuti e invitati per offrire il loro contributo.
- **Riflettori:** Sono sensibili all'ambiente circostante e riflettono l'energia della comunità. Hanno bisogno di tempo per prendere decisioni e possono essere influenzati dal loro ambiente.

2. Utilizzare l'Autorità per le Decisioni

Le decisioni migliori nelle relazioni si basano sull'autorità personale:

- **Autorità Emotiva:** È importante aspettare la chiarezza emotiva prima di prendere decisioni importanti nella relazione.
- **Autorità Sacrale:** Rispondere in modo immediato e istintivo può aiutare a prendere decisioni più autentiche.

- **Autorità della Milza:** Seguire l'istinto e la chiarezza immediata nella scelta e nell'interazione con l'altro.
- **Autorità del Sé:** Le decisioni devono riflettere il desiderio e la volontà personale.

3. Riconoscere le Definizioni e le Zone di Influenza

Le persone con definizioni diverse possono avere dinamiche energetiche diverse:

- **Definizioni Singole:** Tendono a essere autonome e hanno una chiara fonte di energia, mentre le definizioni non definite possono essere influenzate dall'ambiente e dalle altre persone.
- **Definizioni Triple e Quadruple:** Questi individui possono avere una rete energetica complessa che influisce sul modo in cui interagiscono con gli altri.

4. Gestire i Centri e i Canali

I centri e i canali attivi nel Bodygraph influenzano le dinamiche relazionali:

- **Centri Definiti:** Mostrano aree di coerenza e forza, come la comunicazione, l'energia e la sicurezza.
- **Centri Non Definiti:** Indicano aree in cui si può essere influenzati dagli altri e dove c'è flessibilità. È importante riconoscere come questi centri interagiscono con quelli definiti dell'altro.

5. Adattare le Strategie di Comunicazione

Le strategie di comunicazione possono essere ottimizzate in base ai profili e alle linee:

- **Profili:** Comprendere il profilo dell'altro aiuta a capire come l'altra persona apprende, interagisce e comunica. Ad esempio, un 1/3 può preferire approcci investigativi e sperimentali, mentre un 4/6 può cercare connessioni sociali significative e modelli di comportamento.

6. Gestire le Differenze di Tipo e di Energia

Riconoscere e rispettare le differenze tra i tipi energetici aiuta a evitare conflitti:

- **Manifestatori e Generatori:** I Manifestatori possono prendere iniziative che i Generatori rispondono in modo positivo se coinvolti nel processo.
- **Proiettori e Generatori:** I Proiettori possono guidare i Generatori, ma devono essere invitati a farlo. I Generatori devono riconoscere e apprezzare il contributo dei Proiettori.
- **Riflettori:** I Riflettori necessitano di ambienti sani e supportivi e possono riflettere l'energia del loro ambiente, il che può influenzare le dinamiche relazionali.

7. Esplorare la Compatibilità

Analizzare i Bodygraph e le combinazioni di centri, canali e porte per la compatibilità:

- **Canali e Porte:** I canali e le porte condivisi o complementari possono indicare aree di connessione profonda o sfide.
- **Linee dei Profili:** Le linee dei profili possono mostrare come le persone si relazionano e interagiscono a livello più profondo.

8. Applicare le Strategie e i Temi Tematici

Utilizzare le strategie e i temi tematici per armonizzare le relazioni:

- **Strategie di Tipo:** Ad esempio, i Generatori dovrebbero rispondere alle proposte, i Manifestatori dovrebbero informare prima di agire, e i Proiettori dovrebbero aspettare di essere invitati.
- **Temi Tematici:** Comprendere i temi principali nel Bodygraph di ciascuno può aiutare a gestire e risolvere le tensioni.

Conclusione

L'applicazione dell'Human Design nelle relazioni interpersonali può offrire preziose intuizioni su come comunicare, prendere decisioni e gestire le dinamiche relazionali in modo più armonioso e consapevole.

Utilizzando le informazioni sul tipo energetico, l'autorità, la definizione e i profili, è possibile migliorare la comprensione reciproca e costruire relazioni più soddisfacenti e autentiche.

TEMI

Nel contesto dell'Human Design, i **"temi"** sono concetti che riflettono le principali aree di attenzione e sfida nella vita di una persona.

Questi temi emergono dall'analisi dei vari aspetti del Bodygraph, come i centri, i canali e le porte, e rappresentano i principali motivi ricorrenti o le aree di sviluppo personale che influenzano il modo in cui una persona vive e interagisce con il mondo.

Cosa Sono i Temi?

I temi sono essenzialmente i principali argomenti o aree di focus che caratterizzano l'esperienza di vita di una persona.

Sono indicativi delle sfide e delle opportunità di crescita che possono essere incontrate nel corso della vita.

Questi temi possono fornire una visione profonda delle motivazioni, delle paure, delle aspirazioni e delle dinamiche personali.

Origine dei Temi

I temi derivano dalle seguenti fonti nel Bodygraph:

1. **Centri Definiti e Non Definiti:**
   - I centri definiti mostrano le aree di forza e coerenza energetica, mentre i centri non definiti indicano le aree in cui una persona può essere influenzata dagli altri e dove potrebbero sorgere le sfide.
2. **Canali e Porte:**
   - I canali e le porte attivi nel Bodygraph riflettono specifici elementi tematici legati alle qualità energetiche e alle tendenze comportamentali.
3. **Profili e Linee:**
   - I profili e le linee forniscono ulteriori dettagli sui modi in cui una persona vive e affronta le proprie esperienze, contribuendo a determinare i temi principali nella loro vita.

Tipi di Temi

Ecco alcuni esempi di temi che possono emergere nell'Human Design:

1. **Temi di Identità e Senso di Sé:**
   - Riguardano la ricerca di chi si è veramente, come si percepisce se stessi e il proprio scopo nella vita. Questi temi possono riflettere il modo in cui una persona esplora e sviluppa la propria identità.
2. **Temi di Relazioni e Connessione:**
   - Si riferiscono a come una persona interagisce con gli altri, le dinamiche relazionali e le modalità di connessione emotiva e sociale. Questi temi influenzano le esperienze di collaborazione, intimità e comunicazione.
3. **Temi di Successo e Realizzazione:**
   - Coinvolgono il modo in cui una persona cerca di raggiungere il successo, le sfide che affronta nel perseguire obiettivi e la realizzazione personale e professionale.
4. **Temi di Resistenza e Adattamento:**
   - Riguardano le difficoltà e le resistenze che una persona incontra nel corso della vita e come queste sfide influenzano la loro capacità di adattarsi e crescere.
5. **Temi di Creatività e Espressione:**
   - Si concentrano su come una persona esprime la propria creatività, le modalità di manifestazione e l'energia creativa che guida le loro azioni.

Come Identificare i Temi

Per identificare gli elementi tematici nel proprio Bodygraph, si può esaminare:

- **Le Porte e i Canali Attivi:** I temi associati alle porte e ai canali nel Bodygraph rivelano le aree di enfasi e le qualità predominanti nella vita di una persona.
- **I Centri Definiti e Non Definiti:** Questi centri mostrano le principali aree di forza e vulnerabilità che influenzano i temi della vita.
- **Il Profilo e le Linee:** I profili e le linee offrono intuizioni sui motivi ricorrenti e sui temi principali che influenzano le esperienze personali e le dinamiche relazionali.

Applicare i Temi nella Vita Quotidiana

Comprendere e applicare i temi tematici può aiutare a:

- **Riconoscere e Affrontare le Sfide:** Identificare le principali aree di crescita e di sfida nella vita e adottare strategie per affrontarle in modo consapevole.
- **Migliorare la Comunicazione e le Relazioni:** Adattare le modalità di comunicazione e interazione in base ai temi tematici, migliorando la comprensione reciproca e la connessione con gli altri.
- **Guidare le Decisioni e le Azioni:** Utilizzare i temi tematici per prendere decisioni più informate e allineate con il proprio percorso di vita e scopo.

Conclusione

I temi in Human Design offrono una visione approfondita delle principali aree di focus nella vita di una persona.

Comprendere questi temi può aiutare a navigare la vita con maggiore consapevolezza e intenzionalità, affrontando le sfide e abbracciando le opportunità di crescita.

HUMAN DESIGN E RELAZIONI DI COPPIA

Nel sistema di Human Design, i quattro tipi energetici (Manifestatori, Generatori, Proiettori e Riflettori) interagiscono in modi diversi nelle relazioni di coppia.

Ogni tipo ha caratteristiche uniche che influenzano la dinamica della relazione, e comprendere queste interazioni può aiutare a migliorare la comprensione reciproca e la compatibilità.

Ecco una panoramica di come i diversi tipi possono rapportarsi tra loro nelle relazioni di coppia:

1. Manifestatori e Generatori

Manifestatori: Tendono a essere iniziatori e possono prendere l'iniziativa nelle relazioni. Sono spesso determinati e hanno una forte volontà di agire.

Generatori: Hanno energia sostenibile e rispondono agli stimoli esterni. Lavorano meglio quando rispondono a ciò che li ispira piuttosto che forzare le cose.

- **Dinamica di Relazione:**
  - I Manifestatori possono iniziare progetti o prendere decisioni senza consultare i Generatori, ma è importante che comunichino chiaramente le loro intenzioni. Questo aiuta i Generatori a rispondere in modo più consapevole e a evitare frustrazioni.
  - I Generatori possono fornire l'energia e l'entusiasmo necessari per sostenere le iniziative dei Manifestatori, ma devono essere coinvolti e apprezzati nel processo.
  - È cruciale che i Manifestatori informino i Generatori delle loro decisioni e azioni, e che i Generatori rispondano in modo chiaro alle proposte o alle decisioni.

2. Manifestatori e Proiettori

Proiettori: Tendono a guidare e orientare gli altri. Hanno bisogno di essere invitati e riconosciuti per esprimere il loro contributo.

- **Dinamica di Relazione:**
  - I Manifestatori possono apprezzare la guida dei Proiettori, ma è fondamentale che i Proiettori siano invitati e riconosciuti. Se non vengono coinvolti o ascoltati, potrebbero sentirsi non valorizzati.
  - I Proiettori possono offrire intuizioni e consigli preziosi, ma devono essere pazienti e aspettare di essere invitati a dare il loro contributo.
  - Una comunicazione chiara e il riconoscimento dei Proiettori aiutano a mantenere una relazione equilibrata e rispettosa.

3. Manifestatori e Riflettori

Riflettori: Sono sensibili all'ambiente circostante e riflettono l'energia del loro ambiente. Hanno bisogno di tempo per prendere decisioni e valutare le influenze esterne.

- **Dinamica di Relazione:**
  - I Manifestatori possono essere un'influenza forte e diretta per i Riflettori, che potrebbero riflettere e reagire a questa energia. È importante che i Manifestatori siano sensibili alle esigenze dei Riflettori e forniscano un ambiente positivo e supportivo.

- o I Riflettori potrebbero avere bisogno di tempo per riflettere su come l'energia dei Manifestatori influisce su di loro e prendere decisioni con calma.
  - o È essenziale per i Manifestatori essere pazienti e dare ai Riflettori lo spazio necessario per riflettere e adattarsi.

4. Generatori e Proiettori

- **Dinamica di Relazione:**
  - o I Generatori possono fornire l'energia e l'azione necessaria per sostenere i Proiettori, ma è importante che i Proiettori siano invitati e riconosciuti nel loro ruolo di guida.
  - o I Proiettori possono offrire orientamenti e consigli ai Generatori, aiutandoli a fare scelte più informate. Tuttavia, i Proiettori devono essere cauti nel non imporre le loro visioni senza essere invitati.

5. Generatori e Riflettori

- **Dinamica di Relazione:**
  - o I Generatori possono offrire una base energetica stabile e costante per i Riflettori, che riflettono e rispondono all'ambiente. È importante che i Generatori creino un ambiente positivo e sano per i Riflettori.
  - o I Riflettori potrebbero reagire alle energie dei Generatori e riflettere su come queste influenzano la loro esperienza. I Generatori devono essere pazienti e sensibili alle esigenze dei Riflettori.

6. Proiettori e Riflettori

- **Dinamica di Relazione:**
  - o I Proiettori possono fornire guida e intuizioni ai Riflettori, ma devono essere invitati e riconosciuti nel loro ruolo. I Riflettori possono riflettere e rispondere alle intuizioni dei Proiettori.
  - o I Riflettori potrebbero avere bisogno di tempo per riflettere sulle influenze dei Proiettori e su come queste si integrano nel loro ambiente.

Considerazioni Generali per Tutti i Tipi

- **Comunicazione:** È essenziale che tutti i tipi di Human Design comunichino apertamente e onestamente. Ogni tipo ha un modo unico di esprimere e ricevere informazioni, e la consapevolezza di queste differenze può migliorare la comunicazione.
- **Riconoscimento e Inviti:** Alcuni tipi, come i Proiettori, hanno bisogno di essere riconosciuti e invitati a partecipare o offrire il loro contributo. Rispettare questo bisogno è fondamentale per una relazione equilibrata.

- **Spazio e Tempo:** I Riflettori e i Proiettori possono aver bisogno di più tempo per riflettere e prendere decisioni. Fornire loro lo spazio e il tempo necessari è importante per mantenere una relazione sana e rispettosa.

Conclusione

Ogni combinazione di tipi energetici può portare a dinamiche relazionali uniche.

Comprendere le caratteristiche e le esigenze di ciascun tipo aiuta a creare una base di rispetto e comprensione reciproca, migliorando la compatibilità e la qualità delle relazioni.

*****

In questo viaggio cosmico, lo Human Design non è solo una mappa, ma una celebrazione del nostro posto unico nell'immensità dell'esistenza. È un invito a esplorare il proprio percorso con consapevolezza e coraggio, e a scoprire come la nostra energia personale possa contribuire all'armonia e alla bellezza dell'universo.

E così, mentre le stelle continuano a brillare e le energie universali continuano a danzare, il sistema di Human Design ci invita a partecipare a questo grande spettacolo cosmico, offrendo strumenti per comprendere e vivere in sintonia con la nostra vera essenza.

Note personali

Utilizza queste pagine bianche per i tuoi appunti personali sui tuoi amici o clienti.

Per aiutarti troverai uno schema nudo di bodygraph ogni tre pagine.

46

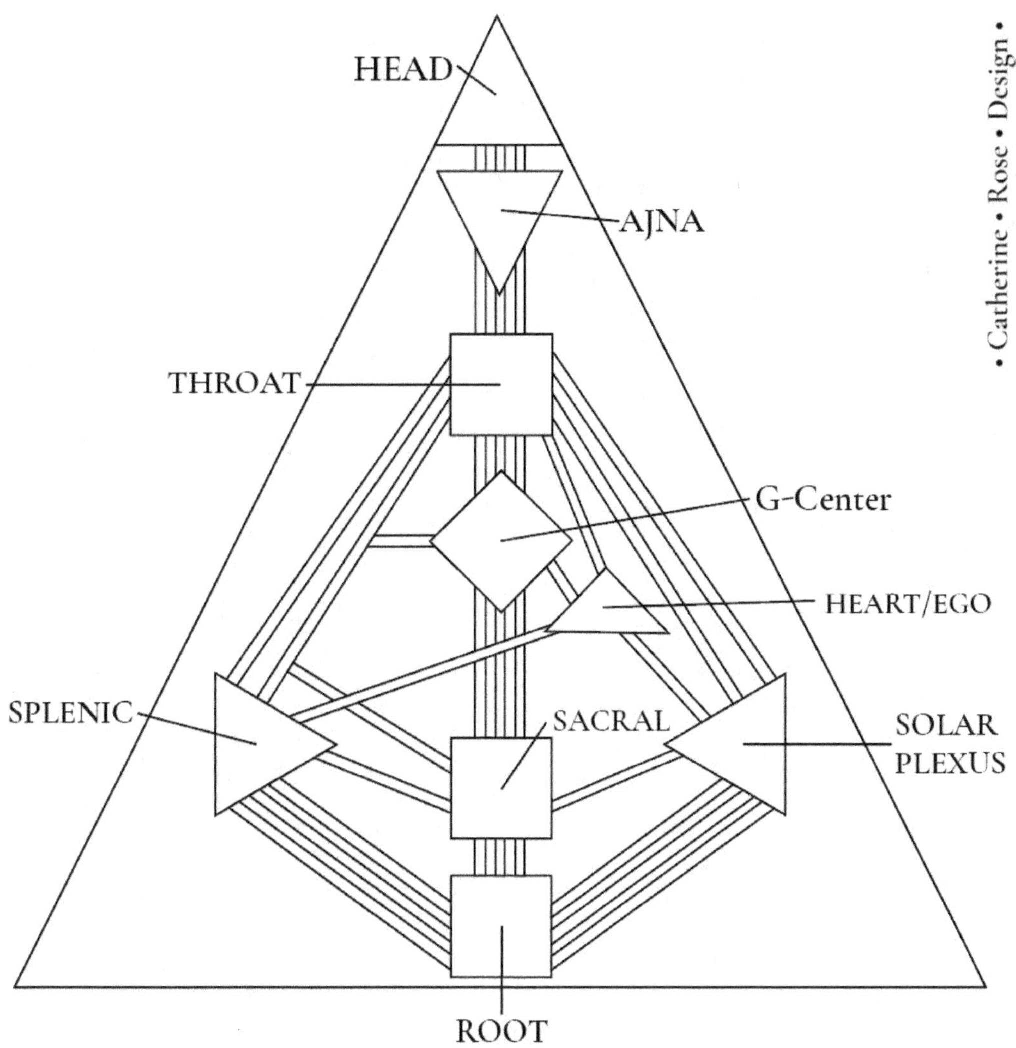
HEAD
AJNA
THROAT
G-Center
HEART/EGO
SPLENIC
SACRAL
SOLAR
PLEXUS
ROOT

48

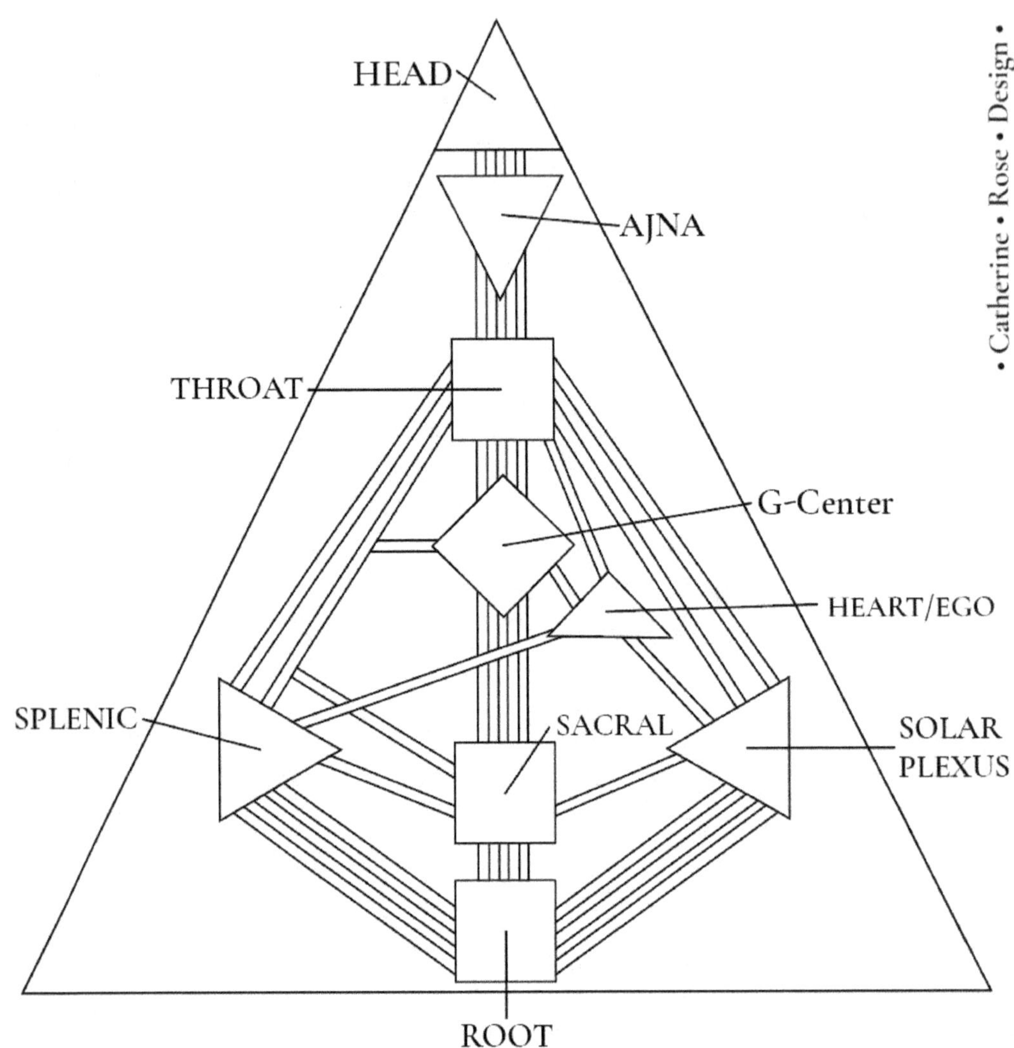

HEAD
AJNA
THROAT
G-Center
HEART/EGO
SPLENIC
SACRAL
SOLAR
PLEXUS
ROOT

51

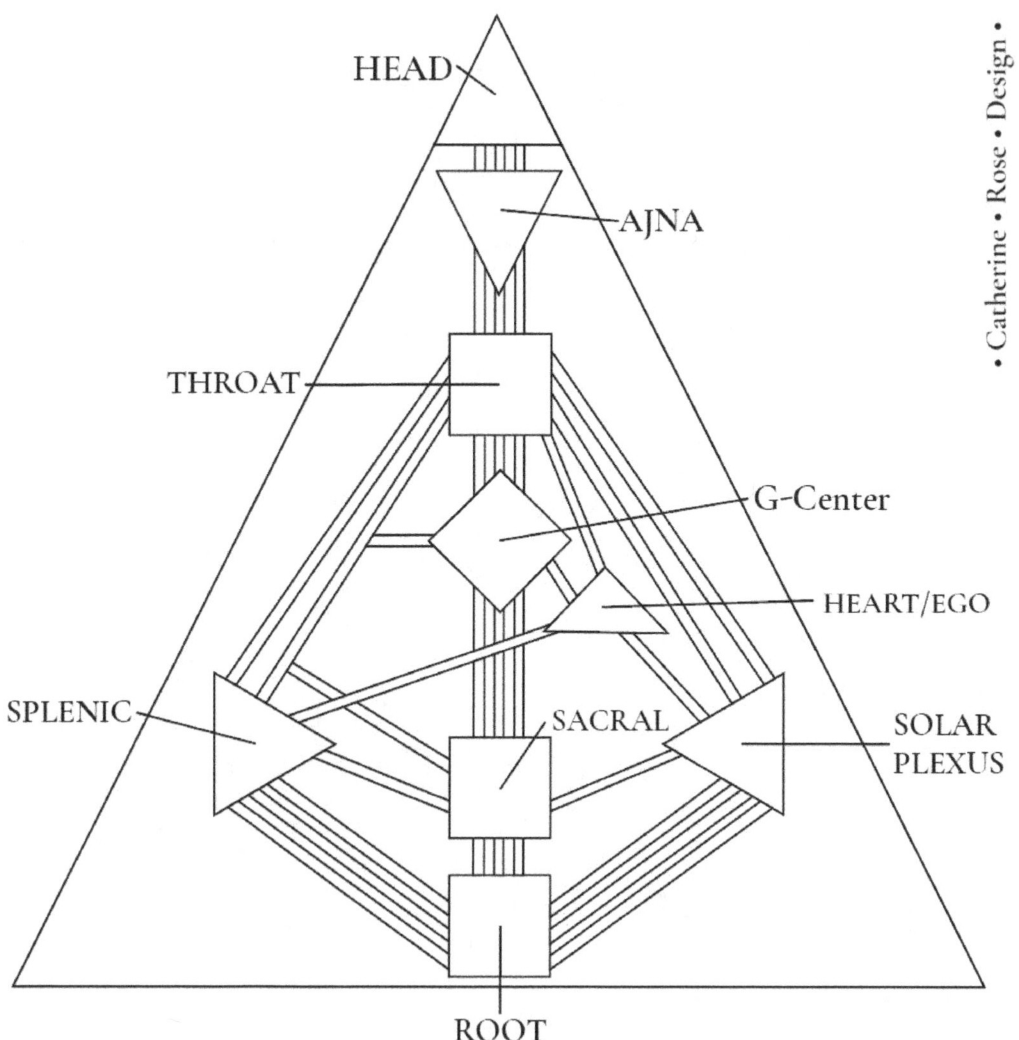

HEAD
AJNA
THROAT
G-Center
HEART/EGO
SPLENIC
SACRAL
SOLAR
PLEXUS
ROOT

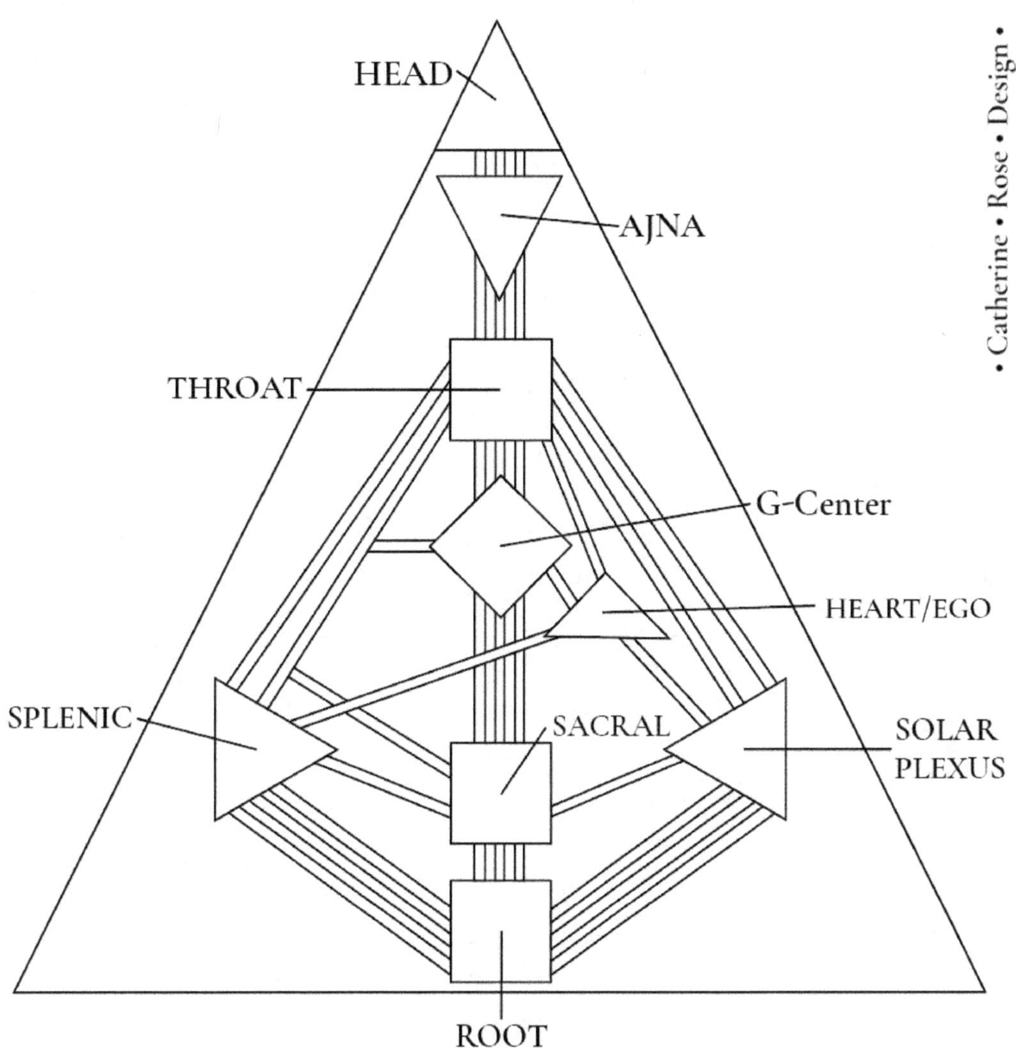HEAD
AJNA
THROAT
G-Center
HEART/EGO
SPLENIC
SACRAL
SOLAR
PLEXUS
ROOT

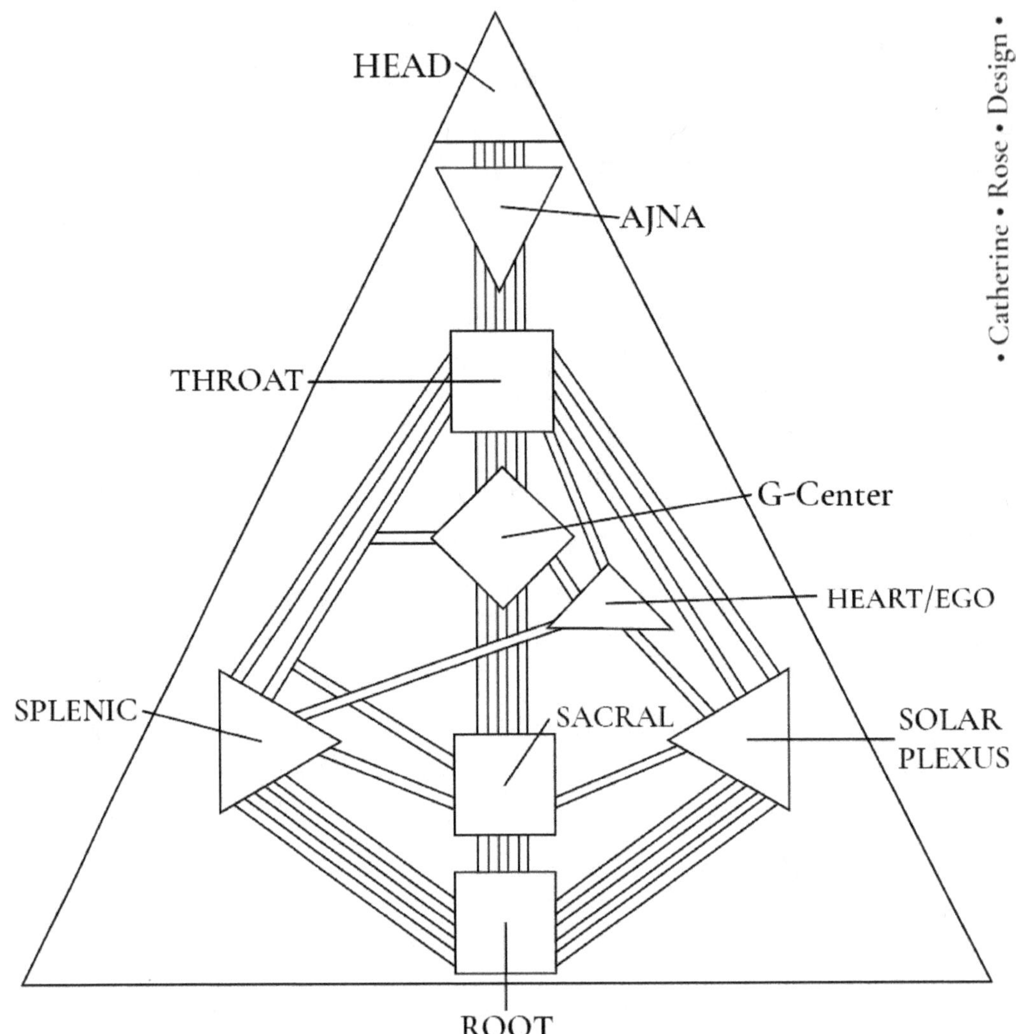

HEAD
AJNA
THROAT
G-Center
HEART/EGO
SPLENIC
SACRAL
SOLAR PLEXUS
ROOT

60

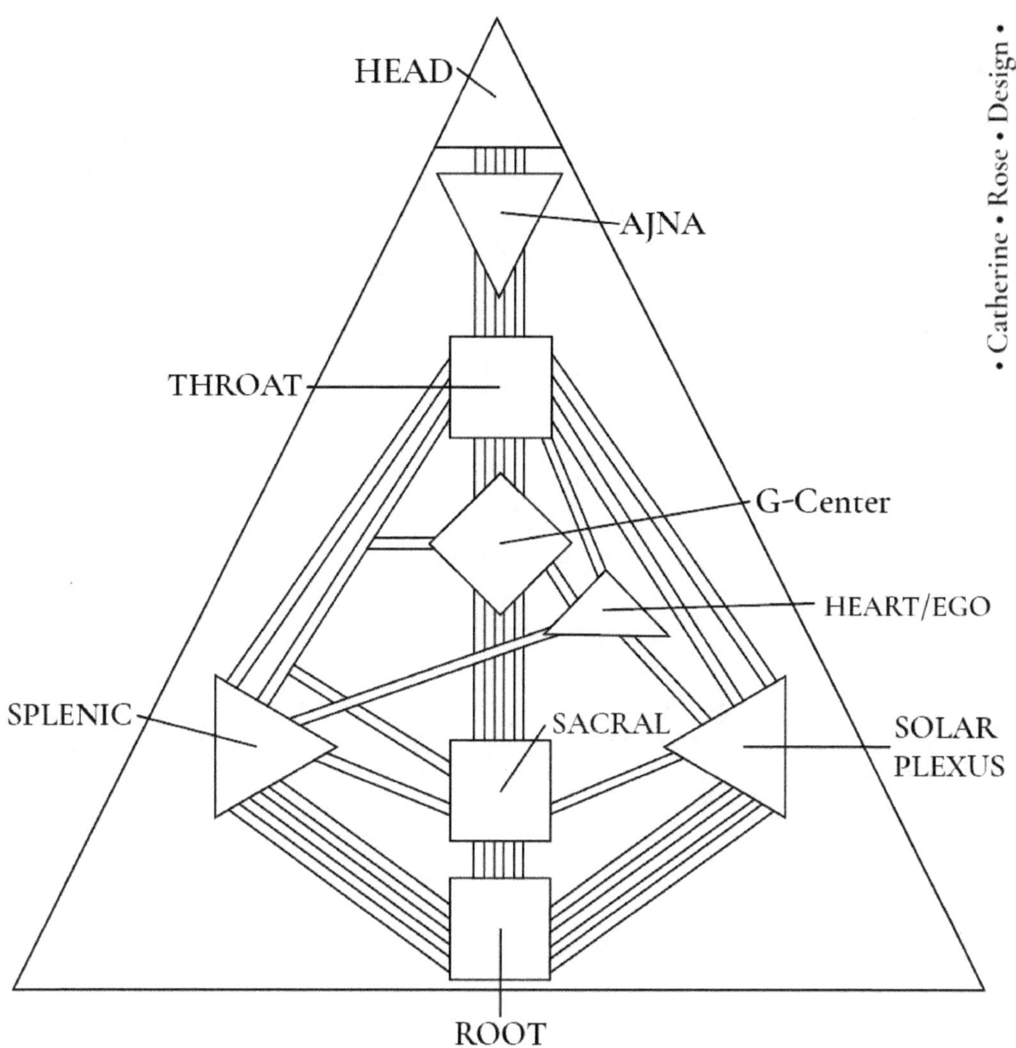

HEAD
AJNA
THROAT
G-Center
HEART/EGO
SPLENIC
SACRAL
SOLAR
PLEXUS
ROOT

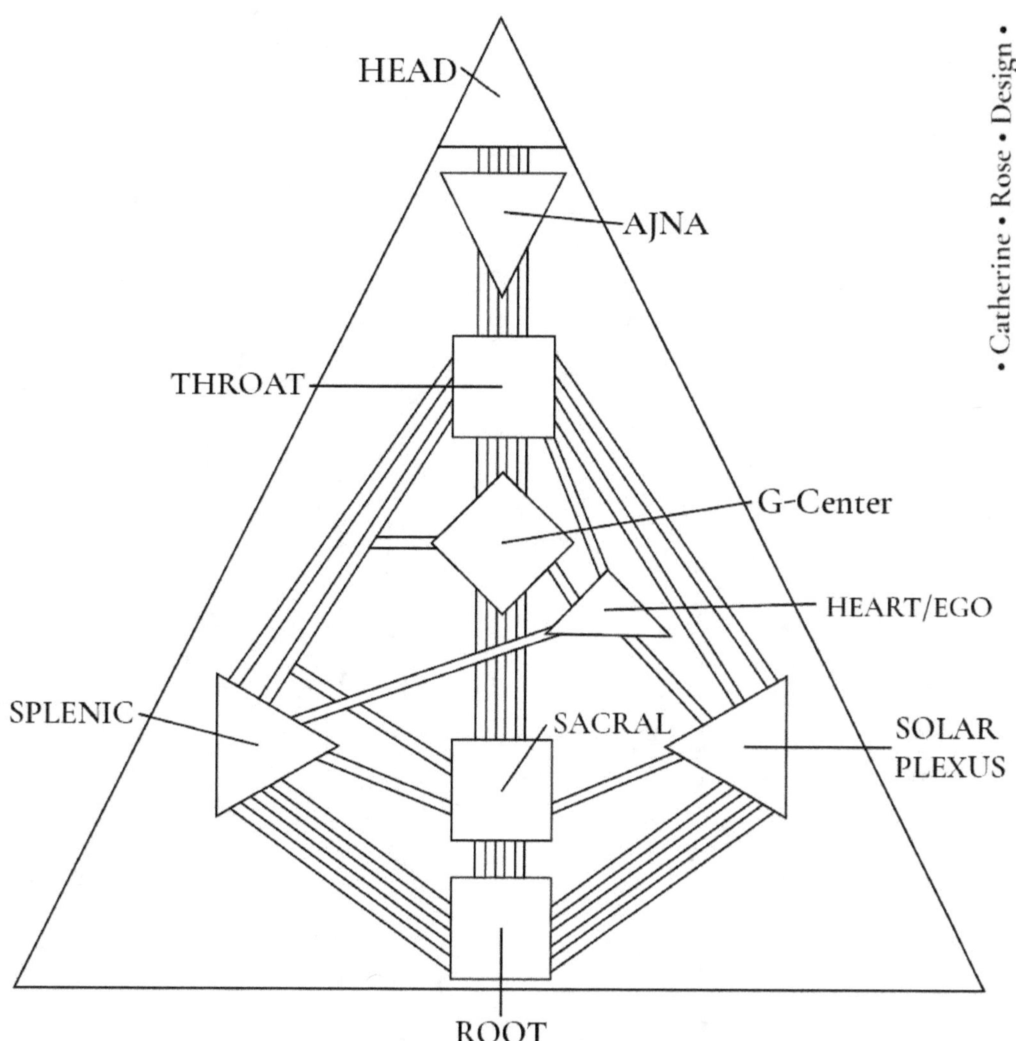

HEAD
AJNA
THROAT
G-Center
HEART/EGO
SPLENIC
SACRAL
SOLAR
PLEXUS
ROOT

64

65

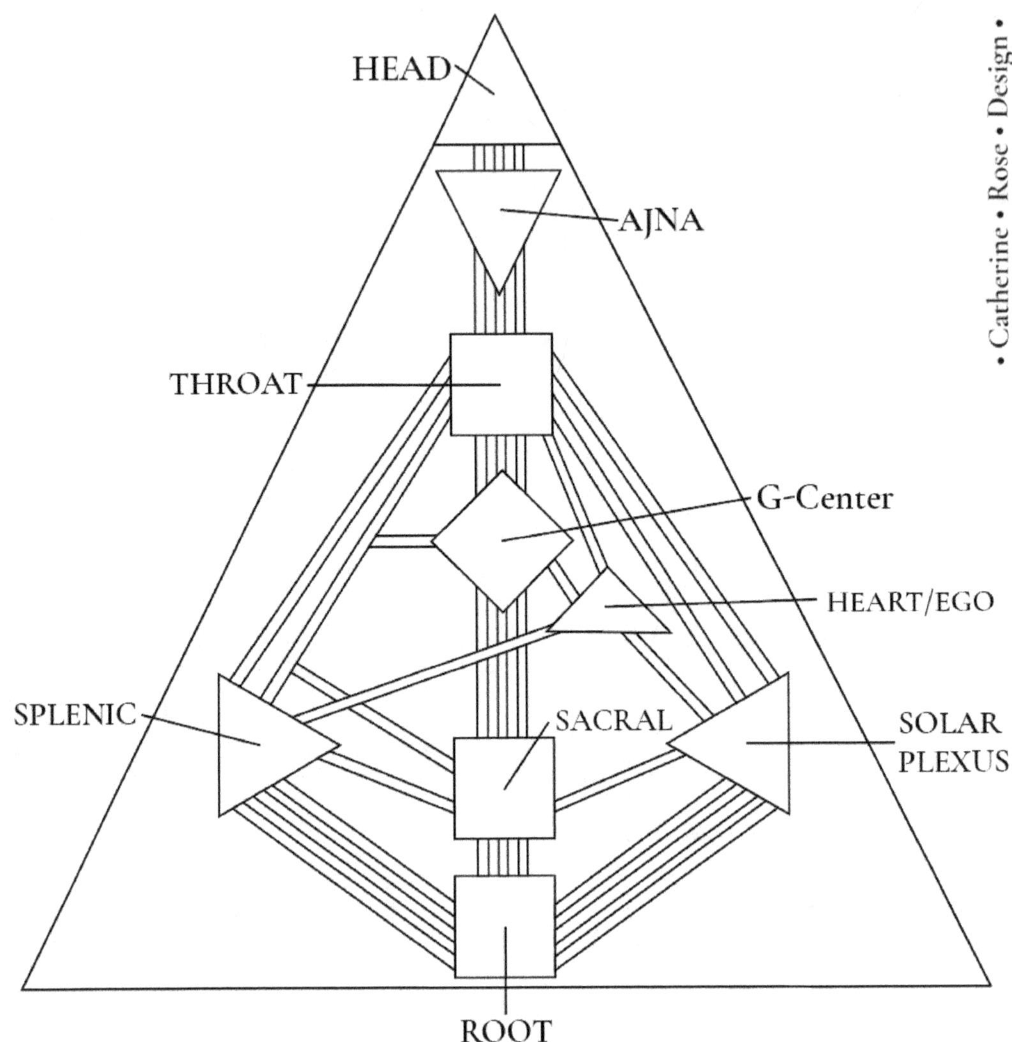

HEAD
AJNA
THROAT
G-Center
HEART/EGO
SPLENIC
SACRAL
SOLAR PLEXUS
ROOT

67

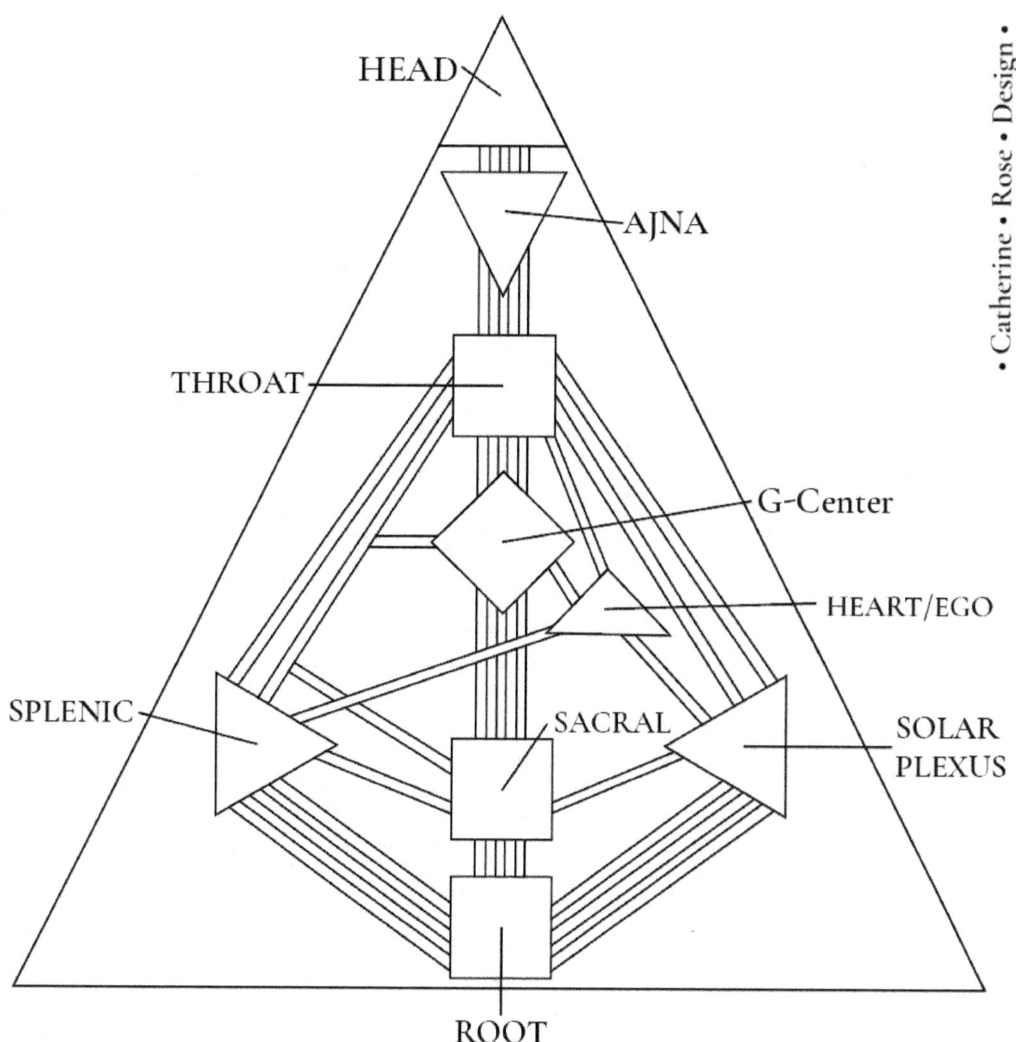

HEAD
AJNA
THROAT
G-Center
HEART/EGO
SPLENIC
SACRAL
SOLAR
PLEXUS
ROOT

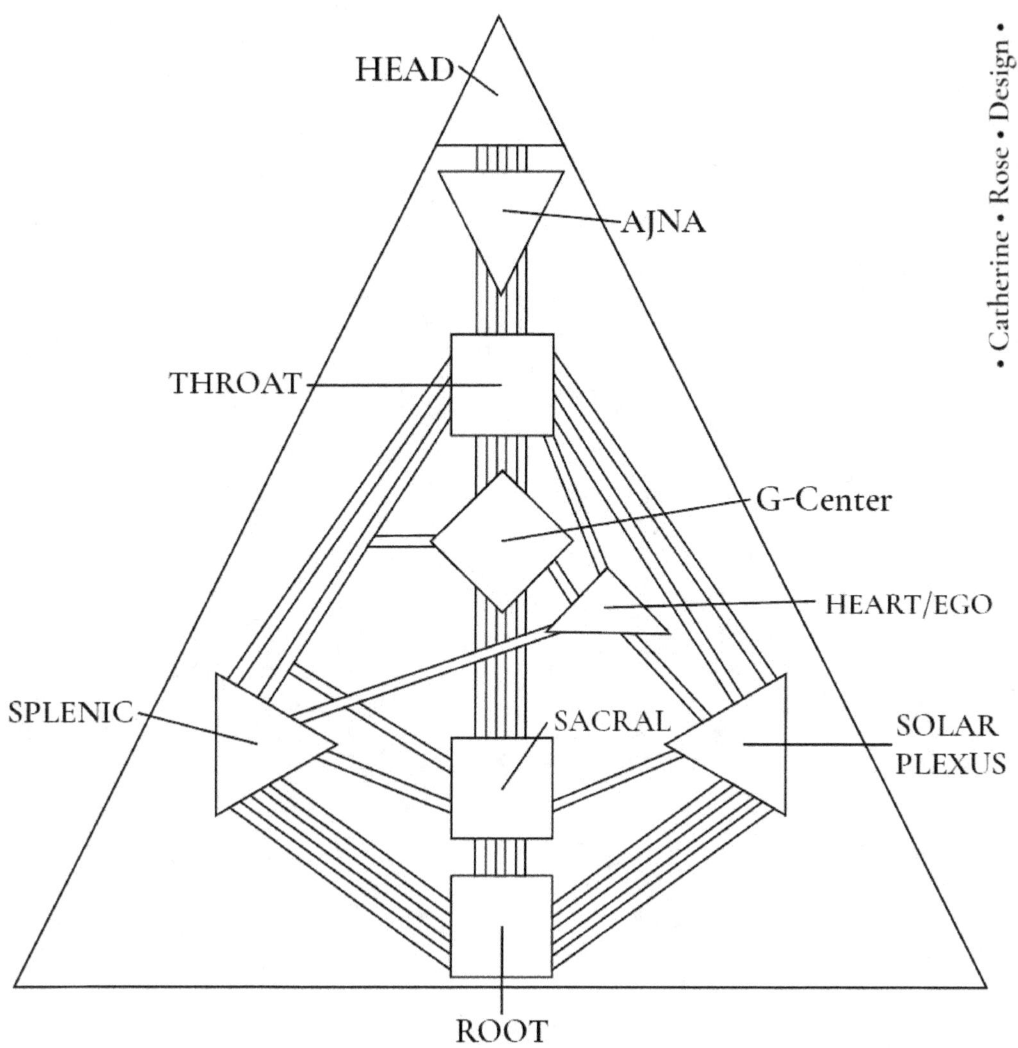

HEAD
AJNA
THROAT
G-Center
HEART/EGO
SPLENIC
SACRAL
SOLAR PLEXUS
ROOT

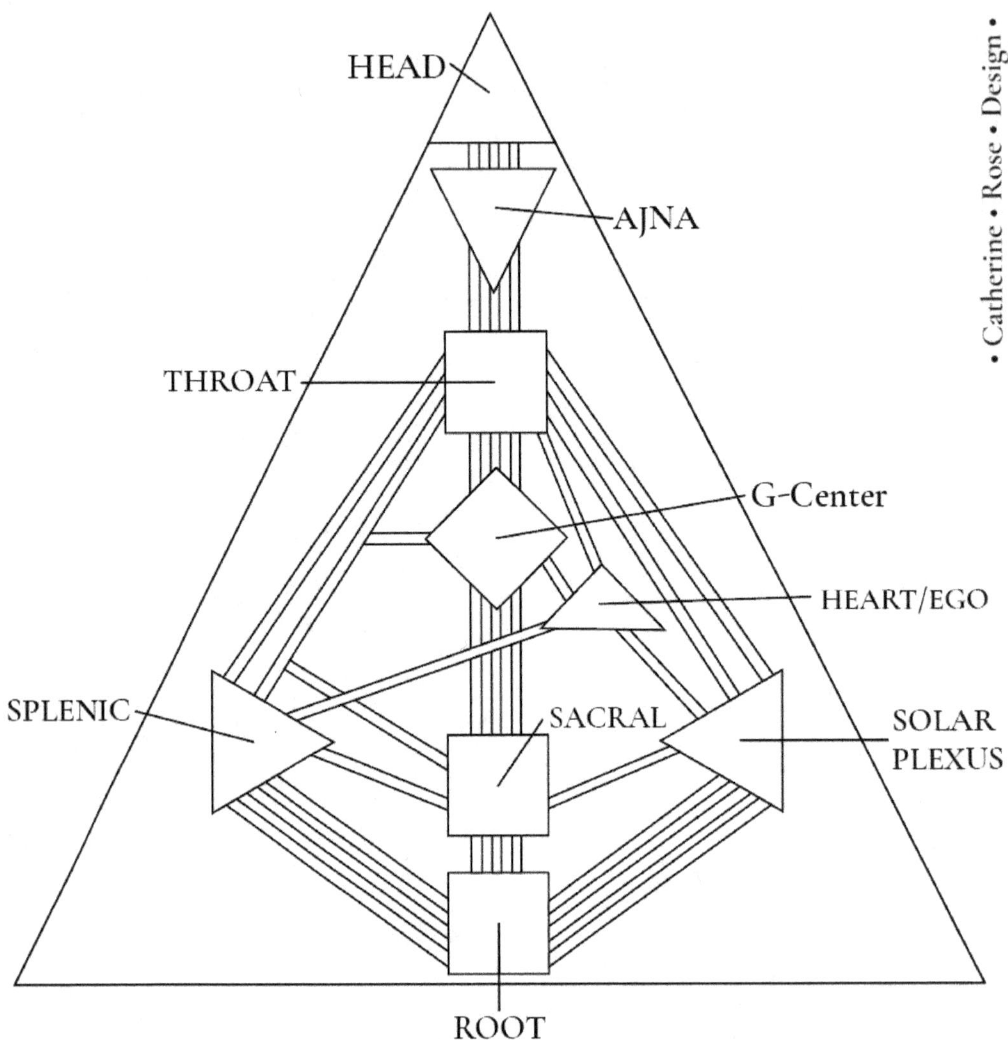

HEAD
AJNA
THROAT
G-Center
HEART/EGO
SPLENIC
SACRAL
SOLAR PLEXUS
ROOT

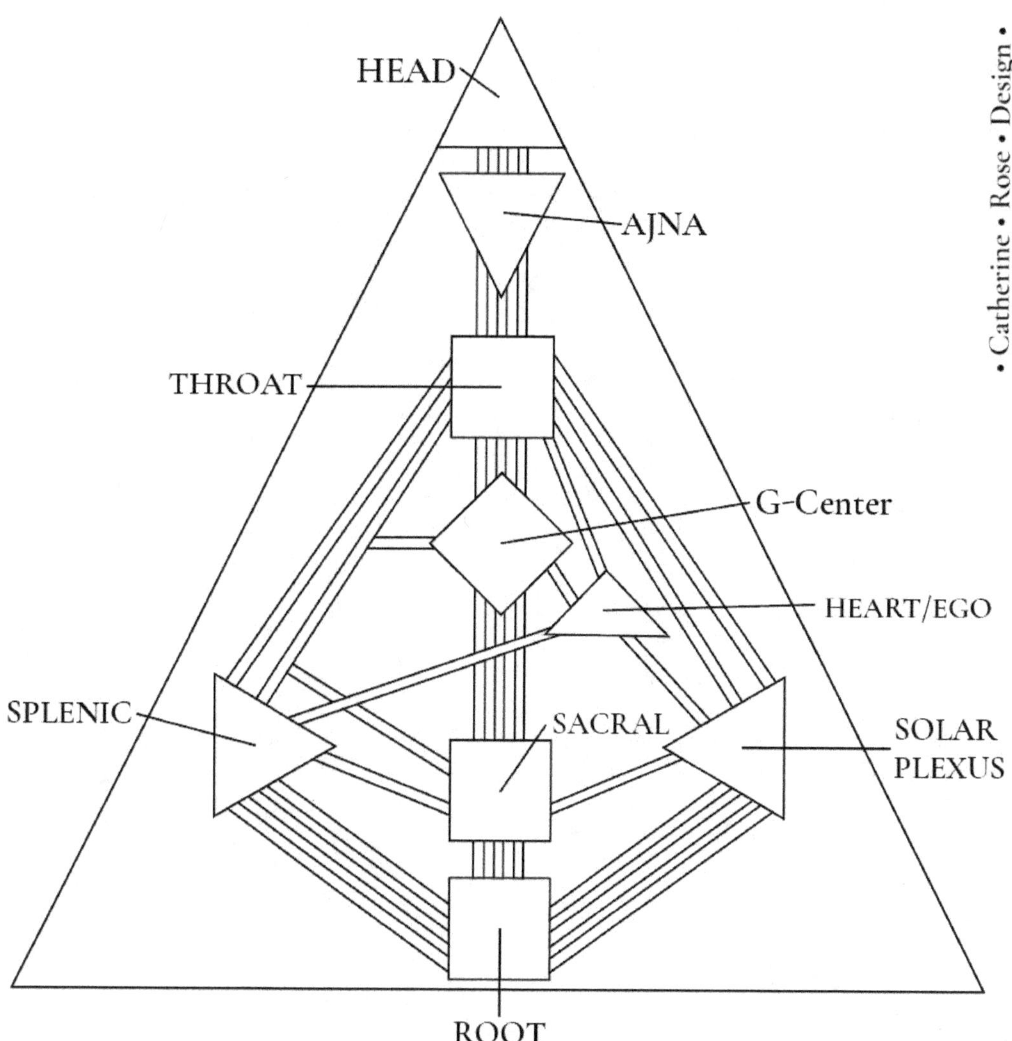

HEAD
AJNA
THROAT
G-Center
HEART/EGO
SPLENIC
SACRAL
SOLAR PLEXUS
ROOT

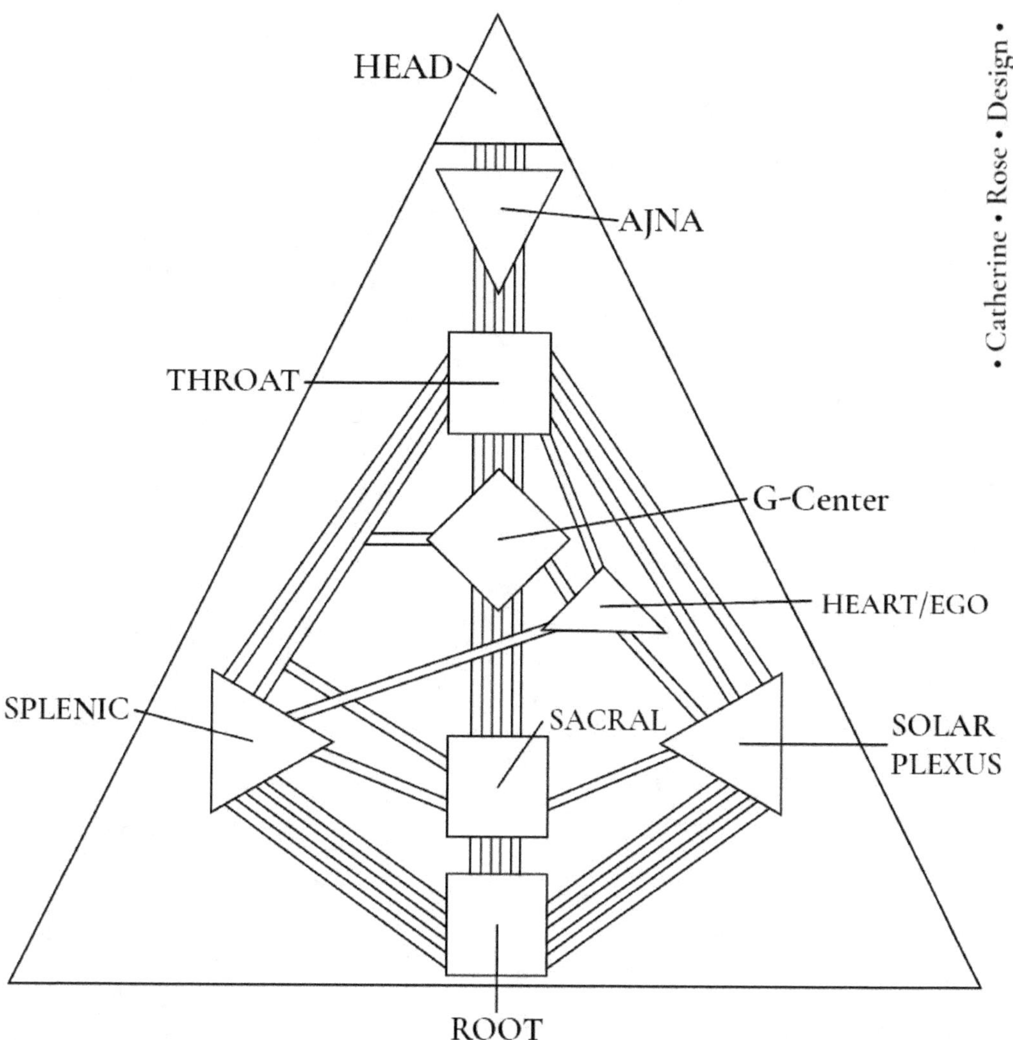

HEAD
AJNA
THROAT
G-Center
HEART/EGO
SPLENIC
SACRAL
SOLAR
PLEXUS
ROOT

80

81

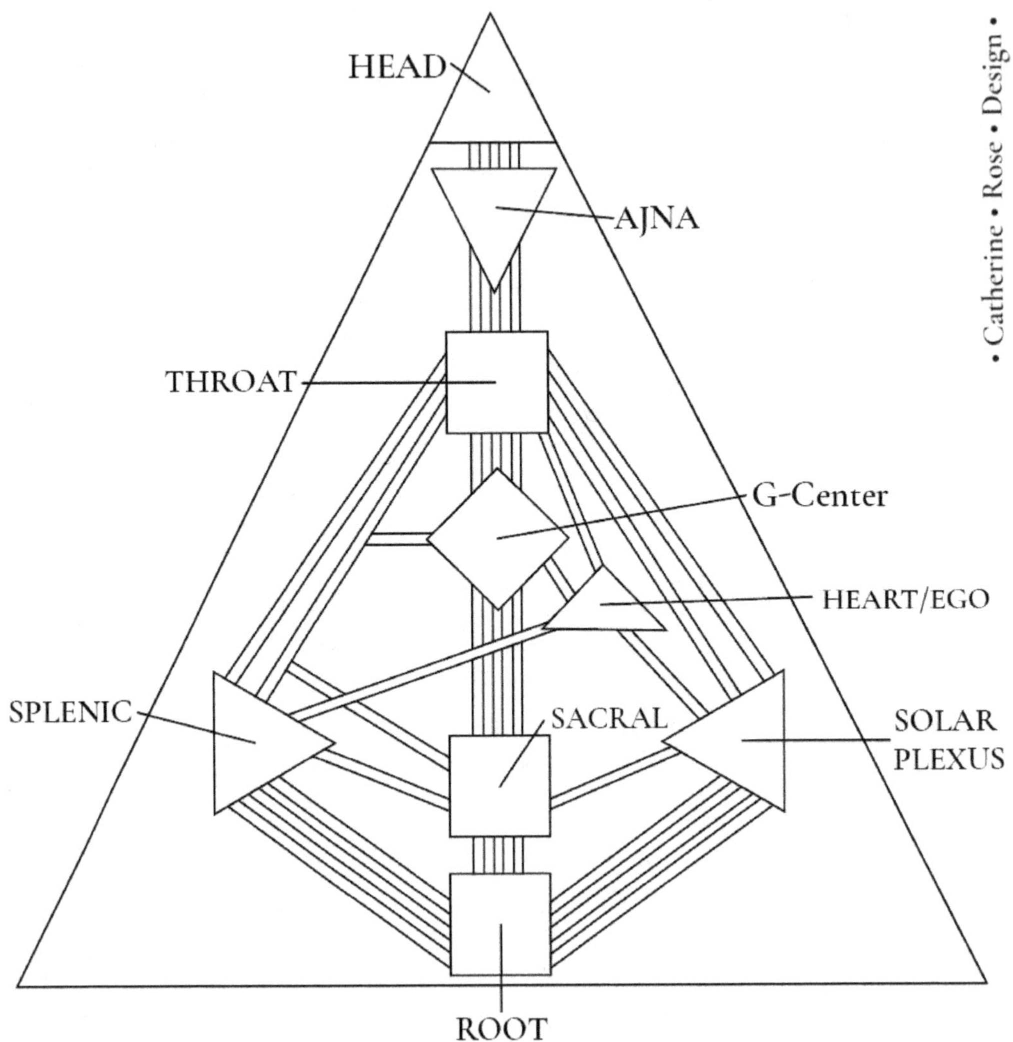

HEAD
AJNA
THROAT
G-Center
HEART/EGO
SPLENIC
SACRAL
SOLAR
PLEXUS
ROOT

www.ingramcontent.com/pod-product-compliance
Lightning Source LLC
Chambersburg PA
CBHW050827250726

48653CB00006B/2464